Nuov

© 1956 Giulio Einaudi editore s.p.a., Torino

Impostazione grafica di copertina: Federico Luci

ISBN 88-06-39982-9

Cesare Pavese
La spiaggia

Einaudi

La spiaggia

I.

Da parecchio tempo eravamo intesi con l'amico Doro che sarei stato ospite suo. A Doro volevo un gran bene, e quando lui per sposarsi andò a stare a Genova ci feci una mezza malattia. Quando gli scrissi per rifiutare di assistere alle nozze, ricevetti una risposta asciutta e baldanzosa dove mi spiegava che, se i soldi non devono neanche servire a stabilirsi nella città che piace alla moglie, allora non si capisce piú a che cosa devano servire. Poi, un bel giorno, di passaggio a Genova, mi presentai in casa sua e facemmo la pace. Mi riuscí molto simpatica la moglie, una monella che mi disse graziosamente di chiamarla Clelia e ci lasciò soli quel tanto ch'era giusto, e quando alla sera ci ricomparve innanzi per uscire con noi, era diventata un'incantevole signora cui, se non fossi stato io, avrei baciato la mano.

Diverse volte in quell'anno capitai a Genova e sempre andavo a trovarli. Di rado erano soli, e Doro con la sua disinvoltura pareva benissimo trapiantato nell'ambiente della moglie. O dovrei dire piuttosto ch'era l'ambiente della moglie che aveva riconosciuto in lui il suo uomo e Doro li lasciava fare, noncurante e innamorato. Di tanto in tanto prendevano il treno, lui e Clelia, e facevano un viaggio, una specie di viaggio di nozze intermittente, che durò quasi un anno. Ma avevano il buon gusto di accennarne appena. Io, che conoscevo Doro, ero lieto di questo silenzio, ma anche invidioso: Doro è di quelli che la felicità rende taciturni, e a ritrovarlo sempre pacato e intento a Clelia, capivo quanto doveva godersi la nuova vita. Fu anzi Clelia che, quand'ebbe con me un po' di confidenza, mi disse, un giorno che Doro ci lasciò soli: – Oh sí, è contento, – e mi fissò con un sorriso furtivo e incontenibile.

Avevano una villetta in Riviera e sovente il viaggetto lo facevano là. Era quella la villa dove avrei dovuto esser ospite. Ma in quella prima estate il lavoro mi portò altrove, e poi devo dire che provavo un certo imbarazzo all'idea d'intrudermi nella loro intimità. D'altra parte, vederli, come sempre li vedevo, nella loro cerchia genovese, passare trafelato di chiacchiera in chiacchiera, subire il giro delle loro serate per me indifferenti, e fare in sostanza tutto un viaggio per scambiare un'occhiata con lui o due parole con Clelia, non valeva troppo la pena. Cominciai a diradare le mie scappate, e divenni scrittore di lettere – biglietti d'auguri e qualche cicalata ogni tanto, che sostituivano alla meglio la mia antica consuetudine con Doro. A volte era Clelia che mi rispondeva – una rapida calligrafia snodata e amabili notizie scelte con intelligenza fra la cangiante congerie dei pensieri e dei fatti di un'altra vita e di un altro mondo. Ma avevo l'impressione che fosse proprio Doro che, svogliato, lasciava a Clelia quell'incarico, e mi dispiacque e, senza nemmeno provare grandi vampe di gelosia, mi staccai da loro dell'altro. Nello spazio di un anno scrissi forse ancora tre volte, ed ebbi un inverno una visita fugace di Doro che per un giorno non mi lasciò un'ora sola e mi parlò dei suoi affari – veniva per questo – ma anche delle vecchie cose che c'interessavano entrambi. Mi parve piú espansivo di una volta e ciò, dopo tanto distacco, era logico. Mi rinnovò l'invito a passare una vacanza con loro nella villa. Gli dissi che accettavo, a patto però di vivere per conto mio in un albergo e trovarmi con loro soltanto quando ne avessimo voglia. – Va bene, – disse Doro, ridendo. – Fa' come vuoi. Non vogliamo mangiarti –. Poi per quasi un altr'anno non ebbi notizie e, venuta la stagione del mare, per caso mi trovai libero e senza una mèta. Toccò allora a me scrivere se mi volevano. Mi rispose un telegramma di Doro: «Non muoverti. Vengo io».

II.

Quando l'ebbi davanti estivo e abbronzato che quasi non lo conoscevo, l'ansia mi si mutò in dispetto. – Non è il modo di trattare, – gli dissi. Lui rideva. – Hai litigato con Clelia? – Macché.
– Ho da fare, – diceva. – Tienimi compagnia.
Passeggiammo tutta la mattinata, discorrendo persino di politica. Doro faceva discorsi strani, diverse volte gli dissi di non alzare la voce: aveva un piglio aggressivo e sardonico che da tempo non gli avevo piú veduto. Provai a chiedergli dei fatti suoi con l'intenzione di tornare su Clelia, ma lui subito si mise a ridere e disse: – Lasciami stare la bottega. Ce ne infischiamo, mi pare –. Allora camminammo un altro poco in silenzio, e io cominciai ad aver fame e gli chiesi se accettava qualcosa.
– Tanto vale se ci sediamo, – mi disse. – Tu hai da fare?
– Dovevo partire per venire da voi.
– Allora puoi tenermi compagnia.
E si sedette per primo. Sotto l'abbronzatura girava a volte intorno gli occhi bianchi, irrequieti come quelli di un cane. Adesso che l'avevo di fronte me ne accorsi, come pure che pareva sardonico in gran parte soltanto per il contrasto dei denti con la faccia. Ma lui non mi lasciò il tempo di parlarne e disse subito:
– Quanto tempo che non siamo insieme.
Volli vedere fin dove arrivava. Ero seccato. Anzi accesi la pipa per fargli capire che avevo il tempo dalla mia. Doro tirò fuori le sue sigarette dorate, e ne accese una e mi soffiò in faccia la boccata. Tacqui, aspettando.
Ma fu soltanto col buio che si lasciò andare. A mezzodí mangiammo insieme in trattoria, affogando nel sudore; poi ritornammo a passeggiare, e lui entrò in diversi negozi per darmi a intendere che aveva da fare commissioni. Verso sera prendemmo la vecchia strada della collina che tante

volte in passato avevamo percorso insieme, e finimmo in una saletta tra di casa d'appuntamenti e di trattoria che da studenti c'era parsa il non-plus-ultra del vizio. Facemmo la passeggiata sotto una fresca luna estiva che ci rimise un poco dall'afa del giorno.

– Sono in campagna quei tuoi parenti? – chiesi a Doro.

– Sí, ma a trovarli non vado lo stesso. Voglio star solo.

Questo da Doro era un complimento. Decisi di far la pace con lui.

– Scusa, – gli dissi piano. – Al mare ci potrò venire?

– Quando vuoi, – disse Doro. – Ma prima fammi compagnia. Voglio scappare ai miei paesi.

Di questo discorremmo cenando. Ci serviva, squallida e maltruccata, una figlia del padrone, forse la stessa che in passato ci aveva tante volte attirato lassú, ma vidi che Doro non badò a lei né alle sorelle piú giovani che comparivano di tanto in tanto a servire certe coppie negli angoli. Doro beveva, questo sí, con molto gusto e incitava me a bere e s'inferverava a parlare delle sue colline.

Ci pensava da un pezzo, mi disse; erano – quanto? – tre anni che non le rivedeva, voleva prendersi una vacanza. Io ascoltavo, e quel discorso accendeva me pure. Anni e anni prima che lui si sposasse, avevamo fatto, a piedi e col sacco, il giro di tutta la regione, noi soli, spensierati e pronti a tutto, tra le cascine, sotto le ville, lungo i torrenti, dormendo a volte nei fienili. E i discorsi che avevamo tenuto – a pensarci arrossivo, o mi struggevo quasi incredulo. Avevamo allora l'età che si ascolta parlare l'amico come se parlassimo noi, che si vive a due quella vita in comune che ancor oggi io, che sono scapolo, credo riescano a vivere certe coppie di sposi.

– Ma perché non fai la gita con Clelia? – dissi senza malizia.

– Clelia non può, non ne ha voglia, – balbettò Doro, staccando il bicchiere. – Voglio farla con te –. Questa frase la disse con forza, corrugando la fronte e ridendo, come faceva nelle discussioni infervorate.

– Insomma, siamo tornati ragazzi, – brontolai, ma forse Doro non sentí.

Una cosa non potei mettere in chiaro quella sera: se Clelia era al corrente della scappata. Da qualcosa nel contegno di Doro avevo la sensazione che no. Ma come tornare su un discorso che l'amico lasciava cadere con tanta caparbie-

CAPITOLO SECONDO

tà? Quella notte lo feci dormire sul mio sofà – ebbe un sonno piuttosto agitato – e io pensavo come mai, per comunicarmi una cosa tanto innocente come il progetto di una gita, aveva atteso fino a sera. M'irritava pensare che forse ero soltanto il paravento di un litigio con Clelia. Ho già detto che di Doro fui sempre geloso.

Stavolta prendemmo il treno – di buon mattino – e arrivammo che non faceva ancora caldo. In fondo a una campagna dove gli alberi apparivano piccini tant'era immensa, sorgevano le colline di Doro: colline scure, boscose, che allungavano le loro ombre mattutine sui poggi gialli, sparsi di cascinali. Doro – m'ero proposto di tenerlo d'occhio – prendeva ora con molta calma la gita. Ero riuscito a fargli dire che sarebbe durata al massimo tre giorni. Lo avevo anche dissuaso dal portarsi la valigia.

Scendemmo guardandoci intorno, e mentre Doro che conosceva tutti entrava nell'Albergo della Stazione, io mi fermavo sulla piazza solitaria – tanto solitaria che guardai l'orologio sperando fosse già mezzodí. Non erano ancora le nove, e allora studiai con attenzione l'acciottolato fresco e le case basse, dalle persiane verdi, dai balconi fioriti di glicini e gerani. La villa che in passato era stata di Doro si trovava fuori del paese sullo sperone di una valle aperta alla pianura. Ci avevamo passato una notte durante la gita famosa, in un'antica stanza dalle sovrapporte a fiori, lasciando al mattino i letti sfatti e senza darci altro disturbo che richiudere il cancello. Il parco che la circondava, non avevo avuto il tempo di passeggiarlo. Doro era nato in quella casa – i suoi ci stavano tutto l'anno e c'erano morti – e sposandosi l'aveva venduta. Ero curioso di vedere la sua faccia davanti a quel cancello.

Ma quando uscimmo dall'albergo a passeggiare, Doro s'incamminò da tutt'altra parte. Traversammo la ferrata e discendemmo il corso del fiume. Era chiaro che si andava in cerca di un posto d'ombra come in città si va al caffè.
– Credevo andassimo alla villa, – borbottai. – Non siamo venuti apposta?

Doro si fermò, squadrandomi. – Che ti credi? Che io faccia il ritorno alle origini? Quello che importa ce l'ho nel sangue e nessuno me lo toglie. Sono qui per bere un po' del mio vino e cantare una volta con chi so io. Mi prendo uno svago e basta.

Volevo dirgli: «Non è vero», ma tant'è stetti zitto. Diedi un calcio a una pietra e tirai fuori la pipa. – Lo sai che canto male, – dissi a denti stretti. Doro alzò le spalle.

Mattino e pomeriggio ci passarono in tranquillo vagabondaggio, per le salite e le discese del poggio. Pareva che Doro facesse apposta a infilare sentierucoli che non portavano in nessun luogo ma morivano nell'afa su un greto, contro una siepe, sotto un cancello chiuso. Risalimmo anche un pezzo dello stradone che traversava la valle, verso sera quando il sole già basso sulla pianura la riempiva tutta di pulviscolo e le gaggie cominciavano a tremolare alla brezza. Mi sentivo rivivere, e anche Doro divenne piú loquace. Parlò di un certo contadino che ai suoi tempi era famoso per cacciare di casa le sorelle – ne aveva parecchie – e poi fare il giro delle cascine dove queste cercavano rifugio, presentandosi fuori di sé ed esigendo un pranzo di riconciliazione. – Chi sa se è ancora vivo, – disse Doro. Stava in una cascina che di laggiú si vedeva. Era un ometto secco che parlava poco e tutti lo temevano, però aveva una cosa: non voleva sposarsi perché diceva che gli sarebbe rincresciuto dover scacciare anche la moglie. Qualcuna delle sorelle era poi scappata davvero, suscitando in paese la soddisfazione generale.

– Cos'era? un uomo rappresentativo? – dissi.

– No, un uomo nato per tutt'altro, uno spostato, uno di quelli che imparano a esser furbi perché fanno una vita che non li contenta.

– Tutti dovrebbero esser furbi, allora.

– Infatti.

– Si è poi sposato?

– Macché. Si tenne una sorella, la piú robusta, che gli faceva dei figli e lavorava la vigna. E stavano bene. E forse stanno ancora bene.

Doro parlava con un tono sarcastico, e parlando girava gli occhi sulla collina.

– L'hai mai raccontata questa storia a Clelia?

Doro non mi rispose; fece la faccia di chi pensa ad altro.

– Clelia è tipo da divertirsi a sentirla, – continuai. – Tanto piú che non è tua sorella.

Ma in risposta non ebbi che un sorriso. Doro, quando voleva, sorrideva come un ragazzo. Si fermò posandomi la mano sulla spalla. – Ti ho mai detto che un anno ho portato qui Clelia? – disse. Allora mi fermai anch'io. Non dissi nulla e aspettavo.

CAPITOLO SECONDO

Doro riprese: – Credevo di avertelo detto. Me l'aveva chiesto lei stessa. Ci passammo in macchina con degli amici. Eravamo sempre in gita a quei tempi.

Guardò me, e guardò dietro me la collina. Fece per rimettersi a camminare. Mi mossi anch'io.

– No che non me l'hai detto, – borbottai. – Quand'è stato?

– Mica molto, – disse Doro. – L'altr'anno.

– E te l'ha chiesto lei?

Doro fece di sí col capo.

– Però hai perduto troppo tempo, – dissi. – Ce la dovevi portar prima. Perché quest'anno l'hai lasciata al mare?

Ma Doro sorrideva già in quel suo modo. M'indicò con gli occhi la costa ripida della piú alta collina e non rispose. Salimmo taciturni fin che ci fu luce, e di lassú ci fermammo a dare un'occhiata alla pianura, dove ci parve di scorgere nella voragine del pulviscolo anche il ciuffetto scuro della villa proibita.

Quando fu notte, all'albergo cominciarono a spuntare facce cordiali. C'era il biliardo e si giocava. Coetanei di Doro – certi impiegati e un manovale tutto schizzato di calce – lo riconobbero e gli fecero festa. Poi venne anche un signore anziano, con la catena d'oro al gilè, che si disse felice di fare la mia conoscenza. Mentre Doro giocava e motteggiava, questo vecchio prese il caffè con la grappa, e confidenzialmente, piegandosi sul tavolino, si andò informando degli affari di Doro e mi raccontò tutta la storia della villa comprata da un certo Matteo quand'era un semplice fienile, con tutti i beni circostanti, e questo Matteo era non so che antenato, ma poi il nonno di Doro aveva cominciato la speculazione di vendere a pezzi il terreno per costruire la casa, e alla fine era rimasta quella gran villa senza piú beni, e lui l'aveva predetto all'amico, ch'era il padre di Doro, che un bel giorno i figlioli avrebbero venduto anche la casa lasciando lui nel cimitero come un vagabondo. Parlava un bonario italiano insaporito di dialetto; non so perché, mi misi in mente che fosse notaio. Poi vennero bottiglie, e Doro beveva in piedi, appoggiato alla stecca, ammiccando a questo e a quello. A una cert'ora eravamo rimasti il manovale che si chiamava Ginio, noi due e un ragazzone in cravatta rossa che Doro vedeva per la prima volta. Uscimmo dall'albergo a fare quattro passi e la luna ci mostrò la strada. Sotto la luna diventammo tutti come il manovale che gli schizzi di calce vestivano in maschera. Doro parlava il suo dialetto; io li capivo ma non sapevo rispondere con scioltezza, e questo ci faceva ridere. La luna bagnava ogni cosa, fin le grandi colline, in un vapore trasparente che velava, cancellava ogni ricordo del giorno. I vapori del vino bevuto facevano il resto: non stavo piú a chiedermi che cosa Doro avesse in mente, gli camminavo accanto, sorpreso e felice che avessimo ritrovato il segreto di tanti anni prima.

Il manovale ci condusse sotto casa sua. Ci disse di far piano per non svegliare le donne e il padre; ci lasciò sull'aia davanti ai grandi fori bui del fienile nella banda d'ombra di un pagliaio, e ricomparve poco dopo, scalzo, con due bottiglie nere sotto il braccio, ridendo con un fare da scemo. Sgattaiolammo tutti giú per il prato dietro la casa, conducendo con noi il cane, e ci sedemmo sulla sponda di un fossato. Si dové bere alla bottiglia, cosa che spiacque al giovanotto della cravatta, ma Ginio disse ridendo: – Becco chi non ci sta, – e tutti ci stemmo.

– Qui possiamo cantare, – disse Ginio schiarendosi la gola. Intonò a solo, e la voce riempí la vallata; il cane non voleva piú star fermo; altri cani risposero da vicino e da lontano, e allora anche il nostro cominciò a latrare. Doro rideva, rideva con un vocione contento, poi bevve ancora un sorso e si uní alla canzone di Ginio. In due fecero presto tacere i cani, quanto bastò almeno per accorgermi che la canzone era malinconica, con lunghi indugi sulle note piú basse, con parole stranamente gentili in quel grosso dialetto. Naturalmente, può darsi che a renderle tali nel mio ricordo abbiano contribuito la luna e il vino. Ciò di cui sono certo è la gioia, l'improvvisa beatitudine, che provai tendendo la mano a toccare la spalla di Doro. Ne sentii il sussulto nel respiro, e improvvisamente gli volli bene perché dopo tanto tempo eravamo tornati insieme.

Quell'altro, che si chiamava Biagio, ogni tanto urlava una nota, una frase, e poi riabbassava la testa e riprendeva con me un discorso interrotto. Gli spiegai che non stavo a Genova, e che il mio lavoro dipendeva dallo Stato e da una vecchia laurea presa in gioventú. Allora mi disse che voleva sposarsi ma fare una cosa ben fatta, e per fare una cosa ben fatta bisognava avere la fortuna di Doro che a Genova s'era trovato moglie e azienda tutto insieme. A me la parola azienda fa rabbia, e persi la pazienza e dissi brusco: – Ma

CAPITOLO SECONDO

lei conosce la moglie di Doro?... E allora se non la conosce, stia zitto.

È quando tratto cosí la gente che mi accorgo di avere piú di trent'anni. Ci pensai per un po', quella notte, mentre Doro e il manovale cominciavano coi ricordi del reggimento. Mi arrivò la bottiglia che, prima di passarmi, il bianco Ginio forbí con la palma della mano, e il sorso che diedi fu lungo, per sfogare nel vino i sentimenti che non potevo col canto.

– Sissignore, scusate, – mi disse Ginio riprendendo la bottiglia, – ma se tornate un altr'anno sarò sposato e ve ne stappo una in casa.

– Ti lasci sempre comandare da tuo padre? – disse Doro.

– Non è che mi lascio, è lui che comanda.

– Sono trent'anni che ti comanda. Non si è ancora fiaccata la schiena?

– È piú facile che gli fiacchi la sua, – disse quello della cravatta, ridendo nervoso.

– E cosa dice dell'Orsolina? te la lascia sposare?

– Non si sa ancora, – disse Ginio, e ritirò le gambe dal fosso e diede un guizzo sull'erba come un'anguilla. – Se non mi lascia, meglio ancora, – grugní, due passi lontano. Quell'ometto bianco come un panettiere, che faceva le capriole e dava a Doro del tu, me lo ricordo tutte le volte che vedo la luna. Feci poi ridere Clelia di cuore, descrivendoglielo. Rise con quell'aria beata che ha lei e disse: – Quant'è ragazzo Doro. Non cambierà mai.

Ma a Clelia non dissi quel che successe dopo. Ginio e Doro attaccarono un'altra canzone e stavolta berciammo tutti e quattro. Finí che dalla cascina una voce furente ci gridò di smettere. Nel silenzio improvviso Biagio strillò un'impertinenza e ripigliò provocante la canzone. Anche Doro ricominciava, quando Ginio saltò in piedi. – No, – balbettò, – mi ha conosciuto. È mio padre –. Ma quel Biagio non voleva saperne, bisognò che Ginio e Doro gli cascassero addosso, per tappargli la bocca. Barcollando e scivolando sull'erba c'eravamo appena mossi di là, che a Doro venne un'idea. – Le sorelle delle Murette, – disse a Ginio. – Qui non si può cantare, ma loro una volta cantavano. Andiamo da Rosa –. E ci andava senz'altro, senonché il giovanotto mi prese il braccio e mi soffiò costernato: – Guai al mondo. Ci dorme il brigadiere –. Non sapevo troppo che fare, ma raggiunsi Doro e lo tenni a fatica per il muscolo grosso del braccio. – Non mescolare vino e donne, Doro, – gli gridai nella foga. – Ricordati che siamo signori.

Ma Ginio sopraggiunse deciso, e ammise che quelle tre figliole erano ingrassate, però noi non si andava per questo ma soltanto per cantare una volta, e se anche erano grasse, che voleva dire? una donna dev'essere ben fatta; e si dibatteva e tirava Doro e diceva: – Vedrai che Rosa si ricorda –. Eravamo sullo stradone, sotto la luna, tutti accaniti intorno a Doro, stranamente irresoluto.

La vinse Rosa, perché il giovanotto disse inviperito: – Ma non ti accorgi che non ti vogliono perché sei sporco di calcina? – e si prese in faccia uno sgrugnone che lo spostò di tre passi e lo fece sputare per terra. Allora s'eclissò come d'incanto, e un bel momento lo sentiamo gridare nel silenzio della luna: – Grazie, ingegnere. Lo dirò al padre di Ginio.

Doro e Ginio s'eran già incamminati, e io con loro. Non sapevo dir nulla, perché anch'io tentennavo. Se avevo un rimpianto, era soltanto che quello sporco d'un manovale mi batteva davanti a Doro per intensità di ricordi comuni, che rievocavano animatamente camminando verso il paese. Parlavano a vanvera, e quel grosso dialetto bastava per ridare a Doro il sapore autentico della sua vita, del vino della carne dell'allegria in cui era nato. Mi sentivo intruso, inetto. Presi il braccio di Doro e mi cacciai innanzi, emettendo un grugnito. Dopotutto, avevo in corpo lo stesso vino.

Quel che facemmo sotto quelle finestre fu temerario. Capivo che in qualche angolo della piazzetta doveva essere appostato quel Biagio, e lo dissi a Doro che nemmeno mi ascoltava. Sulle prime fu Ginio che, ridendo quel suo sogghigno da scemo, bussò alla porticina tarlata, sotto la luna. Parlavamo in un soffio, divertiti e smaniosi. Ma nessuno rispondeva, e le finestre rimasero chiuse. Allora Doro cominciò a tossire, poi Ginio a raccattare sassi e a tirarli lassú, poi litigammo perché dissi che rompeva i vetri, e finalmente Doro ruppe ogni indugio lanciando un urlo spaventoso, bestiale, modulato come quelli che gli ubriachi delle campagne fanno seguire ai loro cori. Tutti i silenzi della luna parvero rabbrividirne. Vari cani remoti, da chi sa che cortili, ci risposero furenti.

Sbatacchiarono porte e cigolarono imposte. Anche Ginio cominciò a berciare, qualcosa come la canzone di prima, ma la voce di Doro subito raggiunse e coprí la sua. Qualcuno parlò dall'altra parte della piazza, balenò un lume alla finestra; tacemmo: sentimmo appena cominciare una lagna d'improperi e minacce, che già il manovale s'era buttato contro la porticina tempestandola di calci e di pugni. Doro mi afferrò la spalla e mi tirò nella banda d'ombra della casa di fianco.

– Stiamo a vedere se gli dànno il catino, – soffiò con la voce rauca, ridendo, – voglio vederlo tutto a mollo come un'oca.

Un cane abbaiava vicinissimo; cominciavo ad avere vergogna. Tacemmo allora: anche Ginio, che si stringeva tra le mani un piede scalzo e saltabeccava sui ciottoli. Tacendo noi, si spensero anche le voci dalle rade finestre; scomparve quel lume; durarono soltanto, intermittenti, i latrati. Fu allora che sentimmo cigolare circospetta l'imposta lassú.

Ginio s'accasciò nell'ombra tra noi due. – Hanno aperto, – ci mugolò in faccia. Lo respinsi perché mi ricordai ch'era tutto infarinato. – Avanti, fatti conoscere, – gli disse Doro seccamente. Dal buio Ginio chiamò, guardando in su. Mi sentii sotto la mano il suo collo freddo e ruvido. – Cantiamo, – disse a Doro. Doro non gli badò e fece un fischio sommesso come quando si chiamano i cani. Lassú parlottarono.

– Avanti, – disse Doro, – fatti conoscere, – e gli diede uno spintone che lo cacciò sotto la luna.

Ginio, sbucato al chiaro barcollando, rideva sempre e alzò il gomito a ripararsi da un supposto proiettile. Tutto taceva alla finestra. I calzonacci cascanti gl'imbrogliarono un piede e quasi lo fecero cadere. Incespicò, e si sedette per terra.

– Rosina, oh Rosina, – gridò a bocca squarciata ma soffocando la voce. – Lo sapete chi c'è?

Venne di lassú un riso sommesso, che subito cessò.

Ginio tornò a far l'anguilla, stavolta sulla dura terra. Poggiando le mani all'indietro, diede un seguito di giravolte che lo riportarono verso la riga d'ombra. Doro s'era già alzato, col piede pronto a menargli un calcio. Ma Ginio fu lesto a saltare in piedi, e saltando gridava: – C'è Doro, Doro delle Ca' Rosse, che viene da Genova a trovare voialtre –. Pareva ammattito.

Ci fu lassú un movimento e uno scricchiolio di vetri lampeggianti; poi un tonfo pesante contro la porta, che si aprí spaccando il bianco della luna che l'inondava. Ginio, inchiodato a metà del suo ballo, era a due passi dalla soglia. Su questa era comparso un uomo, in maniche di camicia, tozzo.

Proprio in quel momento, dal fondo della piazza si levò una voce acuta, insolente – la voce di quel Biagio – che urlò: – Marina, non aprite, sono ubriachi come bestie –. Dalla finestra vennero esclamazioni, trapestio; scorsi vagamente delle braccia agitarsi.

Ma già sullo scalino l'uomo e Ginio si erano abbrancati e si dibattevano mugolando, spostandosi, soffiando come cani arrabbiati. L'uomo aveva i calzoni neri, listati di rosso. Doro, che mi teneva la spalla, si staccò d'improvviso e saltò sul viluppo. Menò a casaccio qualche calcio, aggirandosi intorno, cercando d'infilarsi nella mischia. Poi si staccò e si fece sotto alla finestra. – Sei Rosina o Marina? – disse guardando in su. Non rispondevano. – Sei Rosina o Marina? – urlò, col piede sulla soglia.

Seguí uno schianto, era caduto qualcosa: come si seppe dopo, un vaso da fiori. Doro saltò indietro, sempre guardando lassú, dove adesso s'agitavano almeno due donne. – Non l'abbiamo fatto apposta, – disse una voce perentoria, di donna inasprita. – Vi ha fatto del male?

– Chi è che parla? – vociò Doro.

– Sono Marina, – disse una voce piú flaccida, supplichevole. – Vi siete fatto male?

Allora uscii anch'io dall'ombra, per dire la mia. Ginio e quell'altro s'erano staccati e si giravano intorno, menandosi sventole rabbiose, cacciando grugniti. Ma subito il carabiniere con due salti ritornò sulla porta, staccandone Doro e buttandolo indietro. Le donne lassú strillavano.

Ricominciarono a spalancarsi finestre nel giro della piazzetta, e voci seccate, voci furenti, s'incrociavano. L'uomo aveva richiuso la porta, e si sentí che metteva in furia la sbarra di legno. Sul nostro capo s'incrociò tutto un rosario d'ingiurie, di lagni e di voci, dominato dalla voce aspra della prima delle due donne. Sentii – ciò che finí per snebbiarmi dal vino – che il nome di Doro correva di finestra in finestra. Ginio ebbe un bel tempestare di nuovo contro la porta e gridare. Dalle finestre attraverso la piazza cominciarono a pioverci mele e certi proiettili duri – ossi di pesca – e poi, quando già Doro abbrancava Ginio e lo tirava via, un lampo da quella finestra e una gran detonazione che zittí tutti quanti.

III.

A Clelia, la prima sera che facemmo lungo il mare una camminata insieme, raccontai quanto potevo dell'impresa di Doro, e cioè quasi nulla. Pure, la stravaganza della cosa la fece sorridere imbronciata. – Che egoisti, – disse. – Io qui mi annoiavo. Perché non mi avete portata con voi?

Vedendoci arrivare, il pomeriggio dopo la scappata, Clelia non diede segno di sorpresa. Da piú di due anni non la vedevo. L'incontrammo, castana e abbronzata, in calzoncini sugli scalini della villa. Mi tese la mano con un sorriso sicuro, movendo gli occhi sotto l'abbronzatura piú netti e duri che in passato. E s'era subito messa a parlare di quanto avremmo fatto l'indomani. Ritardò, per farmi festa, la sua discesa alla spiaggia. Scherzando le raccomandai Doro che aveva sonno, e li lasciai a spiegarsi, loro due soli. Quella prima sera andai in cerca di una stanza, e la trovai in una viuzza appartata, con la finestra che dava su un grosso ulivo contorto, cresciuto inspiegabilmente proprio nel mezzo dell'acciottolato. Tante volte in seguito, rientrando solo, mi capitò di guardarlo sovrapensiero, che è forse la cosa che meglio rivedo di tutta l'estate. Visto dal basso, era nodoso e scarno; ma dalla stanza, quando m'affacciavo, era un sodo blocco argenteo di foglioline secche accartocciate. Mi dava il senso di trovarmi in campagna, in un'ignota campagna, e sovente fiutavo se non sapesse di salsedine. Mi è sempre parso strano che sull'orlo estremo di una costa, fra terra e mare, crescano piante e fiori e scorra acqua buona da bere. Alla mia stanza si saliva per una scaletta esterna di pietra, ripida e angolosa. Sotto di me, al pianterreno, mentre mi radevo e ripulivo, scoppiava a tratti un baccano di voci discordi, non si capiva bene se allegre o irate, qualcuna di donna. Guardai per le inferriate, scendendo, ma il crepuscolo oscurava le stanze. Fu soltanto quando mi ero già allontanato, che una voce dominò sulle altre come un a solo, una voce fresca e forte cui non seppi dare un nome, ma che avevo già sentito. Dibattendo quell'incertezza stavo per tornare indietro, quando mi venne in mente che insomma eravamo vicini e che la conoscenza di un vicino si fa sempre troppo presto.

— Doro è nei boschi, — disse Clelia quella sera che andavamo lungo la spiaggia. — Dipinge il mare —. Si voltò camminando e spaziò gli occhi. — Merita. Lo guardi anche lei.

Guardammo il mare, e poi le dissi che non capivo perché si annoiava. Clelia disse ridendo: — Mi racconti ancora di quell'ometto sotto la luna. Com'è che gridava? Anch'io l'altra notte guardavo la luna.

— Probabilmente faceva le smorfie. Quattro ubriachi non bastano per farla ridere.

— Eravate ubriachi?

— Evidentemente.

— Che ragazzi, — disse Clelia.

Tra noi due la notte di Ginio divenne un motto, e mi bastava alludere all'ometto bianco e alle sue capriole perché Clelia si rischiarasse di gaiezza. Ma quando le spiegai, quella sera, che Ginio non era un vecchietto calvo ma un coetaneo di Doro, fece una smorfia costernata. — Perché me l'ha detto? Cosí ha guastato tutto. Era un contadino?

— Un muratore, a esser precisi.

Clelia sospirava. — Dopotutto, — le dissi, — quel paese l'ha veduto anche lei. Può immaginarselo. Se Doro nasceva due porte piú in là, lei forse a quest'ora era moglie di Ginio.

— Che orrore, — disse Clelia sorridendo.

Quella notte, finito di cenare sul balcone, mentre Doro fumava abbandonato sulla seggiola tacendo e Clelia s'era andata a vestire per la serata, non volevano uscirmi di testa le chiacchiere di poco prima. S'era parlato di un certo Guido, collega quarantenne di Doro e scapolo, che avevo già conosciuto a Genova e ritrovato sulla spiaggia nel crocchio di Clelia — uno dei suoi amici — e venne fuori ch'era stato con lui che durante quella gita in automobile erano passati per il paese di Doro. Clelia, animata da un improvviso ricordo malizioso, raccontò senza farsi pregare tutta la storia di quella gita, e parlando aveva l'aria di rispondere a una domanda che non le facevo. Tornavano da non so che spedizione in montagna; era al volante l'amico Guido, e Doro aveva detto: «Lo sapete che in quelle colline tren-

CAPITOLO TERZO

t'anni fa ci sono nato?» E allora tutti, e Clelia la prima, avevano tanto assordato Guido che questi aveva consentito a fare una punta fin lassú. Era stata una pazzia perché bisognava avvertire del ritardo la macchina che li seguiva, e questa non arrivava mai, e l'avevano attesa per piú di un'ora alla biforcazione; quando poi era sopraggiunta, stava calando la notte, e cosí, cenato in paese alla meglio, avevano dovuto arrampicarsi per misteriose stradette senza cartelli e traversare tante colline che mai, e sulla strada di Genova s'erano ritrovati ch'era quasi l'alba. Doro s'era messo accanto a Guido per riconoscere i luoghi, e nessuno era riuscito a dormire. Una vera pazzia.

Adesso che Clelia non c'era, chiesi a Doro se avevano rifatto la pace. Parlando pensavo: «Qui ci vuole un figlio», ma era questo un discorso che con Doro non avevo mai tenuto se non per scherzo. E Doro disse: – Fa la pace chi ha fatto la guerra. Che guerra mi hai visto fare sinora? – Lí per lí stetti zitto. Tra me e Doro, con tanta confidenza che pure avevamo, l'argomento di Clelia non era mai stato discusso. Stavo per dirgli che si può far guerra per esempio saltando sul treno e scappando, ma esitavo, e in quel momento Clelia mi chiamò.

– Di che umore è Doro? – mi chiese attraverso la porta socchiusa della stanza.

– Buono, – balbettai senza entrare.

– Sicuro?

Clelia venne sulla porta aggiustandosi i capelli. Mi cercò con gli occhi nella penombra dove l'aspettavo. – Come, siete amici, e lei non sa che quando Doro si lascia canzonare senza rispondere, significa che è seccato e irritato?

Allora provai con lei. – Non avete ancora fatta la pace?

Clelia si ritrasse e tacque. Poi ricomparve pronta, dicendo: – Perché non accende? – Mi prese il braccio e attraversammo cosí la stanza in penombra. Mentre stavamo per uscire sul pianerottolo illuminato, Clelia mi serrò il braccio e bisbigliò: – Sono disperata. Vorrei che Doro stesse molto con lei, perché siete amici. So che lei gli fa bene e lo distrae...

Cercai di fermarmi e di parlare.

– ...No, non abbiamo litigato, – disse Clelia in fretta. – E nemmeno è geloso. E nemmeno mi vuol male. Soltanto, è diventato un altro. Non possiamo fare la pace, perché non abbiamo mai litigato. Capisce? Ma non dica niente.

Quella notte finimmo, sull'automobile del solito Guido, in un locale alto sul mare, per una strada tutta curve e brulicante di bagnanti. C'era un'orchestrina e qualcuno ballava. Ma il piacere del luogo stava in certi tavolini con lampada velata sparsi in anfratti della roccia aperti sullo strapiombo del mare. C'era un profumo di piante aromatiche e fiorite, misto alla brezza del largo, e in basso sporgendosi s'intravedevano, impicciliti, i filari di luce della costa.

Cercai di star solo con Clelia, ma non ci riuscivo. Avevo accanto ora Doro, ora Guido, ora qualcuna delle amiche – persone isolate e intermittenti, con cui non si poteva cominciare un discorso perché di ballo in ballo si scambiavano, e Clelia invece era sempre impegnata. Venne il momento che le dissi: – Ballo anch'io, – con suo allegro stupore, e me la presi e la portai sotto i pini fuori del recinto. – Sediamoci, – dissi, – e mi spiegherà questa storia.

Provai a chiederle perché con Doro non litigava. Bisognava provocare una crisi – le dissi – come si scuote un orologio per rimetterlo in marcia, e mi rifiutavo di credere che una donna come lei non sapesse con un semplice tono di voce costringere alla sincerità un uomo che dopotutto faceva ancora ragazzate.

– Ma Doro *è* sincero, – disse Clelia. – Mi ha persino raccontato di quella serenata che avete fatto a Rosina. Si è divertito?

Credo che divenni rosso, piú di dispetto che di confusione.

– E anch'io sono sincera, – proseguí Clelia sorridendo. Ebbe una voce imbronciata: – L'amico Guido anzi dice che il mio difetto è di essere sincera con tutti, di non dare a nessuno l'illusione di avere un segreto per lui solo. Carini! Ma sono fatta cosí. Ed è per questo che ho voluto bene a Doro...

Qui si fermò e mi guardò di sfuggita: – Trova che sono indecente?

Non dissi nulla. Ero seccato. Clelia tacque, poi riprese:

– Vede che ho ragione. Ma io *sono* indecente. Sono indecente come Doro. Per questo ci vogliamo bene.

– E allora, pace, – le dissi. – Che cosa sono tante storie?

Qui Clelia mugolò, in quel suo modo infantile. – Ecco, fa come gli altri anche lei. Ma non capisce che non possiamo litigare? Noi ci vogliamo bene. Se potessi odiarlo come

CAPITOLO TERZO

odio me, allora sí lo maltratterei. Ma nessuno di noi due lo merita. Capisce?
– No.
Clelia stette zitta, e ascoltammo scricchiolare la ghiaia e interrompersi l'orchestra e qualcuno cantare.
– Che consiglio le ha dato il suo Guido? – ripresi con la voce di prima.
Clelia alzò le spalle. – Dei consigli interessati. Lui mi fa la corte.
– Per esempio: di avere un segreto per Doro?
– D'ingelosirlo, – disse Clelia compunta. – Quello stupido. Non capisce che Doro mi lascerebbe fare e soffrirebbe tra sé.
Qui venne non so che amica del gruppo a cercare Clelia, e la chiamava e rideva: rimasi solo, seduto sulla panchina. Provavo il mio solito piacere scontroso a starmene in disparte, sapendo che a pochi passi fuori dell'ombra il prossimo si agitava, rideva e ballava. Né mi mancava materia da riflettere. Accesi una pipa e me la fumai tutta. Poi mi mossi e girai fra i tavolini finché incontrai Doro. – Andiamo a bere un bicchierino al banco? – gli dissi.
– Tanto per regolarmi, – cominciai quando fummo soli, – posso raccontarlo a tua moglie che per non farci legnare abbiamo dovuto scappare il mattino dopo?
Stavamo giusto ridendo, e Doro rispose con un mezzo sogghigno: – Te l'ha chiesto lei?
– No, te lo chiedo io.
– Figurati. Raccontale quello che vuoi.
– Ma non siete in rotta?
Doro alzò il bicchierino, fissandomi sovrapensiero. – No, – disse calmo.
– E come va allora, – dissi, – che ogni tanto Clelia ti cerca con due occhi spaventati, che sembra un cane? Ha tutta l'aria di una donna che sia stata bastonata. L'hai bastonata?
In quel momento la voce di Clelia, che volteggiava sulla pista con un tale, ci gridò: – Ubriaconi, – e vedemmo la sua mano agitarsi in saluto. Doro la seguí con gli occhi, annuendole assorto, finché non scomparve dietro la schiena del ballerino.
– Come vedi è contenta, – disse piano. – Perché dovrei bastonarla? Andiamo d'accordo piú di tanti altri. Non mi ha mai detto una parola villana. Andiamo d'accordo anche nei divertimenti, che è la cosa piú difficile.

– Lo so che lei con te va d'accordo –. Mi fermai.

Doro non diceva niente. Guardò il bicchiere con aria mortificata, lo guardò a testa bassa tenendolo a mezza distanza, poi lo vuotò di sfuggita, semivolgendosi come quando ci si schiarisce la gola in società.

– Il male, – disse con tono di concludere, incamminandosi, – è che si ha troppa confidenza. Uno dice certe cose soltanto per far piacere all'altro.

Clelia e Guido s'avvicinavano a noi fra i tavolini.

– Parli per me? – dissi.

– Anche per te, – borbottò Doro.

IV.

Avevo temuto venendo al mare di dover trascorrere giornate formicolanti di sconosciuti, e serrar mani e ringraziare e intavolare conversazioni con un lavoro da Sisifo. Invece, salvo le inevitabili serate in crocchio, Clelia e Doro vivevano con una certa calma. Per esempio, ogni sera cenavo alla villa, e gli amici giungevano soltanto col buio. Il nostro terzetto non mancava di cordialità, e per quanto tutti e tre nascondessimo dietro la fronte pensieri inquieti, discorrevamo di molte cose col cuore in mano.

Ebbi presto qualche mia avventura da raccontare – pettegolezzi della trattoria dove facevo colazione, pensieri bizzarri e casi strani, quei casi che il disordine della vita di mare favorisce. Quella voce che avevo sentito squillare tra le inferriate la prima sera ch'ero sceso di casa, già l'indomani mi si era fatta conoscere. Mi venne incontro sulla spiaggia un giovanotto arso di sole che mi salutò graziosamente con un cenno della mano e passò oltre. Lo riconobbi ch'era già passato. Niente piú che un mio scolaro dell'anno prima, che un bel giorno senz'avvertire era mancato alla solita lezione nel mio studio, e non l'avevo veduto mai piú. Quella stessa mattina mi stavo arrostendo al sole, quando mi stramazzò accanto un corpo nero e vigoroso: di nuovo lui. Sorrise mostrandomi i denti e mi chiese se facevo i bagni. Gli risposi senza levare il capo: per caso ero lontano dall'ombrellone dei miei amici, e avevo sperato di star solo. Lui con semplicità mi spiegò ch'era venuto per puro caso su quella costa e che si trovava bene. Non parlò della faccenda delle lezioni. Per dispetto gli dissi che la sera prima avevo sentito i suoi litigare. Lui di nuovo sorrise e mi rispose ch'era impossibile perché i suoi non c'erano. Ma riconobbe di abitare in una strada con l'ulivo. E rialzandosi per andarsene parlò di compagnia che lo attendeva. Quella sera sporsi il capo nel pianterreno, donde veniva uno stridente odor di fritto, e ci vidi dei bambini, una donna col fazzoletto in capo, un letto sfatto e dei fornelli. Siccome mi videro, chiesi di lui, e la donna – la mia stessa padrona – venne sulla porta e di chiacchiera in chiacchiera benedí il cielo ch'io conoscessi il suo inquilino perché ormai s'era pentita di averlo accettato e voleva scrivere alla famiglia – gente cosí buona che mandava al mare il figliuolo per svagarlo, e lui soltanto la sera prima s'era portata nella stanza una donna. – Sono cose, – disse. – Non ha diciotto anni.

Raccontai la storiella a Clelia e Doro, e descrissi la visita che Berti mi fece il mattino dopo in cima alla scala tendendomi la mano e dicendo: – Visto che ora sa dove abito, è meglio essere amici.

– Vedrai che quello ti chiede anche la stanza, – disse Doro.

Incoraggiato dall'attenzione di Clelia, dissi di piú. Presi a spiegare che la sfacciataggine di Berti era soltanto timidezza che per autodifesa diventava aggressiva. Dissi che l'anno avanti, prima di scomparire e probabilmente mangiarsi i denari che avrebbe dovuto spendere con me, quel ragazzo dava segni di soggezione e vedendomi mi faceva un inchino impacciato. Gli era accaduto quel che succede a tutti: la realtà si travestiva nel suo opposto. Come gli animi teneri che si atteggiano a ruvidezza. – Io lo invidiavo, – dissi, – perché, ragazzo com'era, poteva ancora illudersi sulla sua indole vera.

– Penso, – disse Clelia, – che io dovrei essere di carattere chiuso, diffidente e perverso.

Doro sorrise senza parlare. – Doro non ci crede, – dissi, – ma anche lui, quando fa il brusco, è quando ha voglia di piangere.

La cameriera che ci cambiava i piatti, si fermò ad ascoltare. Divenne rossa, e si affrettò. Ripresi: – Fin da ragazzo era cosí. Me lo ricordo. Era di quelli che si offendono se gli chiedi come stanno.

– Sarebbe facile, se fosse vero, capire la gente, – disse Clelia.

Questi discorsi cessavano quando dopo cena venivano gli altri. C'era il solito Guido, che se lasciava l'automobile era soltanto per giocare a carte, c'era qualche signora, delle ragazze, mariti saltuari – il crocchio genovese, insomma. Non era per me una novità che piú di tre persone fanno folla, e nulla si può dire allora che valga la pena. Quasi preferivo le

CAPITOLO QUARTO 27

notti che si prendeva l'automobile e si correva la costa in cerca di fresco. Succedeva che su qualche belvedere, mentre tutti ballavano, io potevo a volte scambiare quattro chiacchiere con Doro o con Clelia, o dire convinte sciocchezze a qualcuna delle signore. Bastava allora un bicchierino e la brezza del mare, per rimettermi in sesto.

Di giorno sulla spiaggia era un'altra cosa. Si parla con strana cautela quando si è seminudi: le parole non suonano piú nello stesso modo, a volte si tace e sembra che il silenzio schiuda da sé parole ambigue. Clelia aveva un modo estatico di godersi il sole stesa sulla roccia, di fondersi con la roccia e appiattirsi al cielo, rispondendo appena con un susurro, con un sospiro, con un sussulto del ginocchio o del gomito, alle brevi parole di chi le fosse accanto. Mi accorsi ben presto che, stesa cosí, Clelia non ascoltava veramente nulla. Doro, che lo sapeva, non le parlava mai. Stava seduto sul suo asciugamano con le ginocchia tra le dita, fosco, inquieto; non si stendeva come Clelia; se qualche volta ci si provava, dopo pochi minuti eccolo a torcersi, a voltarsi sul ventre, o a risedersi come prima.

Ma non si era mai soli. Tutta la spiaggia brulicava e vociava – per questo Clelia alla sabbia di tutti preferiva gli scogli, la pietra dura e sdrucciolevole. Nei momenti che si rialzava, scuotendo i capelli intontita e ridente, ci chiedeva di che cosa avevamo parlato, guardava chi c'era. C'erano amiche, c'era Guido, c'era tutta la compagnia. Qualcuno usciva allora dall'acqua. Qualche altro c'entrava guardingo. Guido col suo accappatoio di spugna bianca arrivava con sempre nuove conoscenze che ai piedi dell'ombrellone congedava. E poi saliva sullo scoglio e canzonava Clelia, e non entrava mai in mare.

L'ora piú bella era il mezzodí passato o il tramonto, quando il tepore o il colore dell'acqua inducevano i piú restii a bagnarsi o a passeggiare per la spiaggia, e si restava quasi soli, tutt'al piú con quel Guido che discorreva amabilmente. Doro che aveva la malinconia di distrarsi coi pennelli, piazzava a volte un cavalletto sullo scoglio e dipingeva barche, ombrelloni, chiazze di colore, contento di guardarci dall'alto e ascoltare le nostre ciance. A volte qualcuno del gruppo arrivava in barca, e accostava con cautela e ci chiamava. Nei silenzi che seguivano, ascoltavamo lo sciaguattare del fiotto tra i sassi.

L'amico Guido diceva sempre che quello sciaguattio era

il vizio di Clelia, il suo segreto, la sua infedeltà a tutti noi.
– Non mi pare, – disse Clelia, – lo ascolto nuda e stesa al sole, e chi vuole ci vede. – Chi lo sa, – disse Guido. – Chi sa i discorsi che una donna come lei si fa fare dalla maretta. Immagino quello che vi dite prima, quando siete abbracciati.

Le marine di Doro – ne fece due in quei giorni – erano dipinte a colori pallidi e imprecisi, quasi che la foga stessa del sole e dell'aria, assordante e accecante, gli smorzasse le pennellate. Qualcuno s'arrampicava dietro Doro, e seguiva la mano e gli dava consigli. Doro non rispondeva. A me disse una volta che uno si diverte come può. Provai a dirgli che non dipingesse dal vero, perché tanto il mare era sempre piú bello dei suoi quadretti: bastava guardarlo. Al suo posto, con la capacità che aveva lui, io avrei fatto dei ritratti: è una soddisfazione indovinare la gente. Doro ridendo mi rispose che finita la stagione chiudeva la cassetta e non ci pensava piú.

Una sera che s'era scherzato su questo e camminavamo con Doro verso il caffè degli aperitivi, l'amico Guido osservò, col suo tono sornione, che nessuno avrebbe detto che sotto la scorza dura e dinamica dell'uomo di mondo sonnecchiava in Doro l'anima dell'artista. – Sonnecchia sí, – rispose Doro, spensierato e contento. – Che cosa non sonnecchia sotto la scorza di noialtri. Bisognerebbe avere il coraggio di svegliarsi e trovare se stessi. O almeno parlarne. Si parla troppo poco a questo mondo.

– Butta fuori, – gli dissi. – Che cosa hai scoperto?

– Niente ho scoperto. Ma ti ricordi quante parole si facevano da ragazzi. Si parlava cosí per dire. Sapevamo benissimo ch'eran solo discorsi, eppure il gusto ce lo siamo cavato.

– Doro, Doro, – gli dissi, – diventi vecchio. Queste cose lasciale fare a quei figlioli che non hai.

Allora Guido s'era messo a ridere, un ridere cordiale che gl'impicciolí gli occhi. Teneva a Doro la mano intorno alla spalla, e ridendo si sosteneva. Noi guardavamo increduli la sua testa semicalva e gli occhi duri di bell'uomo in vacanza.

– Qualcosa sonnecchia anche in Guido, – disse Doro. – Ride alle volte come uno scemo.

Osservai piú tardi che Guido rideva a quel modo soltanto tra uomini. Quella sera, deposti Doro e Clelia al cancello della villa, lasciammo la macchina all'albergo e facemmo

CAPITOLO QUARTO

insieme quattro passi. Costeggiavamo il mare. Parlammo dei nostri amici, quasi senza volerlo. Guido spiegò il viaggio di Doro e il suo ritorno inaspettato tirando in ballo l'artista inquieto. Curioso come Doro fosse riuscito a convincerli tutti della serietà di quel suo gioco. Si parlava persino, nel crocchio quotidiano, dell'opportunità d'indurlo a esporre e a farsi dell'arte quel che si dice una professione. – Ma certo, glielo dico sempre anch'io, – interloquiva Clelia volubile.

– Roba da matti, – disse Guido quella sera.
– Ma Doro scherza, – dissi.

Guido tacque per qualche passo – aveva i sandali e procedevamo lenti, come due frati – poi si fermò e dichiarò brusco: – Io conosco quei due. So quel che fanno e quel che vogliono. Ma non so perché Doro dipinga dei quadri.

– Che male c'è? lo distrae.

C'era di male che, come tutti gli artisti, Doro non contentava la moglie. – Sarebbe a dire? – Era a dire che il lavoro cerebrale e nervoso indeboliva la potenza virile, ragione per cui a ogni pittore toccano periodi di depressione tremenda.

– Non agli scultori?
– A tutti quanti, – brontolò Guido, – a tutti i matti che si sforzano il cervello e che non sanno quand'è tempo di smettere.

Eravamo fermi davanti all'albergo. Gli chiesi che vita bisognava dunque condurre secondo lui. – Vita sana, – disse. – Lavorare ma senza foga. Svagarsi, nutrirsi e discorrere. Soprattutto svagarsi.

Mi stava davanti dondolandosi sui piedi, con le mani dietro la schiena. La camicia aperta a risvolti sul petto gli dava un'aria sorniona di adolescente che la sa lunga, di quarantenne rimasto adolescente per scioperataggine. – Bisogna capire la vita, – disse ancora, strizzando l'occhio con un'espressione di disagio. – Capirla quando si è giovani.

V.

Clelia mi aveva detto che ogni mattina Doro scappava e s'andava a bagnare nel mare lattiginoso dell'alba. Per questo se ne stava poi cosí pigro fino a mezzodí, dietro il suo cavalletto. Qualche volta, mi disse, ci andava anche lei, ma non domani ché aveva troppo sonno. Promisi a Doro che gli avrei fatto compagnia e proprio quella notte non riuscii a dormire. Mi alzai col primo sole e giunsi, per le strade fresche e deserte, sulla spiaggia ancora umida. Era il caso di fermarmi a spiare come l'oro del sole incendiava e stagliava gli alberelli in cima alla montagna, ma sedutomi sulla spiaggia vidi accostarsi una testa nell'acqua ferma, e approdare e uscir fuori stillante il corpo scuro del mio giovanotto.

Naturalmente mi venne a parlare, e intanto si stropicciava, magro e corto, con l'asciugamano. Cercai al largo se vedevo la testa di Doro.

– Come mai solo? – dissi.

Non rispose – era tutto preso dallo sforzo – e quand'ebbe finito si sedette a pochi passi da me, rivolto al mare. Io mi girai di fianco per tener d'occhio la montagna brulicante d'oro. Berti cercò, con la punta delle dita, in un fagottino, ne trasse una sigaretta e se l'accese. Poi si scusò che ne aveva una sola.

Mi stupii che fosse tanto mattiniero. Berti fece un gesto vago e mi chiese se aspettavo qualcuno. Gli dissi che al mare non si aspetta nessuno. Allora Berti si distese bocconi con un guizzo e, appoggiato sui gomiti, fumò guardandomi.

Mi disse che l'aria di fiera che la spiaggia prendeva al sole, lo disgustava. Bambini, ombrelloni, balie, famiglie. Se fosse stato lui li avrebbe proibiti. Allora gli chiesi perché veniva al mare: poteva starsene in città dove gli ombrelloni non c'erano.

– Fra poco viene il sole, – disse, torcendosi a guardare la montagna.

Tacemmo per un po', nel silenzio appena frusciante.
– Si ferma molto? – mi chiese. Gli dissi che non sapevo, e guardai un'altra volta al largo. Un punto nero s'intravedeva. Berti guardò anche lui e mi disse: – È il suo amico. Era sulla boa quando sono arrivato. Come nuota. Lei nuota?

Dopo un poco buttò la sigaretta e si alzò. – Oggi è in casa? – disse. – Ho da parlarle.
– Mi puoi parlare anche adesso, – dissi, levando gli occhi.
– Ma lei aspetta gente.

Gli dissi di non fare lo scemo. Che cos'erano? lezioni?

Allora Berti tornò a sedersi e si guardò le ginocchia. Cominciò a parlare come un interrogato, ogni tanto incantandosi. Disse in sostanza che si annoiava, che non aveva compagnia e che sarebbe stato molto molto contento di discorrere con me, di leggere insieme qualche libro – no, non lezioni – ma di leggere come avevo fatto qualche volta a scuola, spiegando e discutendo, insegnandogli molte cose che sapeva di non sapere.

Lo sbirciai di mala voglia e incuriosito. Berti era di quei tipi che vengono a scuola perché ce li mandano e quando parli ti guardano la bocca con gli occhi gonfi e seccati. Adesso, nudo e abbronzato, si abbracciava le ginocchia e sorrideva inquieto. Chi sa, mi venne in mente, questi ragazzi sono i piú svegli.

Se ne andò che la testa di Doro era quasi a riva. Si alzò bruscamente e mi disse «arrivederci». Tra le cabine cominciavano a passeggiare altri bagnanti, e mi parve che corresse dietro a una gonnella che scantonò fra le cabine. Ma ecco che Doro usciva dall'acqua, chino come a una scalata, liscio e gocciolante, col capo lucido sotto la cuffia che lo rendeva tutto atletico. Si fermò barcollando davanti a me e trafelava; sotto lo sterno e le costole aveva ancora i sussulti del nuoto. Irresistibilmente pensai a Guido, a quel discorso della sera prima, e mi sfuggí un sorriso vago. Doro, strappandosi la cuffia, brontolò: – Che c'è?

– Niente, – risposi. – Pensavo a quel bel tipo di Guido che sta ingrassando. Vale la pena di non sposarsi!

– Se tutte le mattine facesse una nuotata di un'ora, diventerebbe un altro, – disse Doro, e cadde in ginocchio sulla sabbia.

Berti tornò a cercarmi in trattoria a mezzogiorno. Si fermò tra i tavoli con la giacchetta buttata a spalle sulla turchina canottiera. Gli feci segno di accostarsi. Allora venne, pigliando al volo una sedia a un tavolo, ma l'attenzione con cui lo guardavo gli mise soggezione, perché si fermò, e gli scivolò la giacca e la raccolse lasciando la sedia. Gli dissi di sedersi.

Stavolta mi offrí una sigaretta, e cominciò subito a parlare. Io accesi la pipa senza rispondere. Lo lasciai dire quello che volle. Mi raccontò che per motivi di famiglia aveva dovuto smettere di studiare, però non s'era ancora impiegato – e adesso che aveva smesso, vedendomi aveva capito che studiare non da scolaro ma per conto proprio, per gusto, era una cosa intelligente. Disse che m'invidiava e che da un pezzo s'era accorto che io non ero soltanto un professore ma un uomo simpatico. Aveva molte cose da discutere con me.

– Per esempio, – dissi.

Per esempio, rispose, perché la scuola non si fa discorrendo con l'insegnante e magari andando a spasso con lui? Era proprio necessario perdere il tempo stando dietro a quattro stupidi che tengono ferma tutta una classe?

– Infatti, avevi tanta voglia di studiare che non ti bastava la scuola e prendevi lezioni.

Berti sorrise, e disse ch'era un'altra cosa.

– E mi dispiace, – continuai, – di sapere adesso che i tuoi non sono milionari. Perché li facevi spendere in lezioni private?

Di nuovo sorrise, in un modo che aveva qualcosa di femminile e insieme sdegnoso. Sono le donne che rispondono cosí. Gliel'ha insegnato qualche donna, pensai.

Berti m'accompagnò per un tratto di strada – quel giorno facevo una gita con gli amici di Clelia – e mi disse ancora che capiva bene ch'io ero venuto al mare per riposarmi e non pretendeva di costringermi a tenergli delle lezioni, ma almeno, sperava, avrei tollerato la sua compagnia e avrei qualche volta chiacchierato con lui sulla spiaggia. Stavolta glielo feci io il sorriso donnesco e, lasciandolo in mezzo alla strada, gli dissi: – Volentieri, se sarai proprio solo.

La gita di quel giorno – c'eravamo tutti, sull'automobile di Guido – ebbe un esito disgraziato, perché una delle donne, una certa Mara, parente di Guido, per raccogliere delle more scivolò da uno strapiombo e si fiaccò una spalla. Eravamo saliti, per la solita strada della montagna, oltre il locale della notte, oltre le ultime villette sperdute, in mezzo

CAPITOLO QUINTO

ai pini e alle rupi rosse, fin sul pianoro dove avevo spiato quel mattino balenare il primo sole. Trasportata la poveretta sulla strada, si capí subito che risalire tutti in macchina non si poteva. Guido, preoccupatissimo, volle distendere Mara che gemeva, sui cuscini. Restava posto per Clelia e due altre che guardarono divertite me e Doro, e finí che tornammo a piedi noi due. Dopo un duecento passi scorgemmo seduta su un mucchio di ghiaia la seconda delle ragazze.

Doro finí in fretta il discorso: – Vivere sempre in mezzo a donne, ecco cos'è.

Quell'altra l'avevano fatta scendere per dare spazio a Mara, che si era davvero rotta la spalla tanto si lamentava. Era toccato a lei perch'era l'unica ragazza della comitiva. – Noialtre non siamo donne, – ci disse imbronciata. – Mara quest'anno ha finito di divertirsi. La riportano a Genova –. Ci guardò, camminando, di sfuggita. Doro le fece un sorrisetto d'accoglienza. Parlarono un poco di Mara e discussero come avrebbe preso la cosa il marito, quell'uomo cosí energico che scappava dai suoi uffici di Sestri soltanto la domenica. – Sarà contento che la frattura sia toccata a sua moglie, – disse Doro. – Finalmente passerà un'estate con lui.

La ragazza – si chiamava Ginetta – fece una risata astiosa. – Lei crede? – disse piantandogli in faccia gli occhi grigi. – Io so che gli uomini ci hanno gusto quando la moglie è lontana. Sono egoisti –. Doro si mise a ridere. – Quanta sapienza, Ginetta. Scommetto che Mara in questo momento non ci pensa –. Poi guardò me. – Ci vogliono i ragazzi o gli scapoli per dir queste cose.

– Io non dico niente, – brontolai.

Quella Ginetta era una bella figliola, che camminava con impeto e aveva il vezzo di scuotere all'indietro i capelli come fossero una criniera. Stava per dire, quando Doro la prevenne.

– Verrà quest'anno Umberto?

– Gli scapoli sono ipocriti, – replicò lei. – Non so, – rispose poi.

– Tu godi tutti gli svantaggi, Ginetta. Sposi uno scapolo che già ti lascia sola. Che cosa ti farà ancora?

Semiseria, Ginetta guardò innanzi a sé e divincolò il capo.

– Di solito un marito è stato prima uno scapolo, – osservai pacatamente. – Bisogna pur cominciare.

Ma Ginetta parlava di Umberto. Ci raccontò che scriveva che di notte le iene urlavano da far pensare a quei bambini che non vogliono dormire. Cara Ginetta, le diceva, se i nostri figli faranno tanto baccano andrò a dormire all'albergo. Poi le diceva che la gran differenza del deserto dai paesi civili, era che laggiú non si chiudeva occhio per il fracasso. – Che stupido, – rideva Ginetta. – Noi scherziamo sempre.

Le svolte della strada fra i pini, dove si affacciava il mare, mescolavano per me alle volubili parole di Ginetta un umore saporoso, una leggera vertigine. Pareva che il mare, giú in fondo, ci attirasse. Anche Doro camminava piú sciolto. Tra poco era sera.

– Povera Mara, – disse Ginetta. – Quando potrà nuotare?

Quella sera trovammo deserto l'ombrellone, e già spopolata la spiaggia. Entrammo in acqua io e Ginetta, e nuotammo a fianco a fianco come in gara, non osando staccarci nel silenzio del mare vuoto. Ritornammo senza dire parola, e vedevo tra le bracciate l'alta costa dei pini donde eravamo scesi poco prima. Toccammo fondo; Ginetta uscí luccicante come un pesce e se ne andò alla cabina. Doro finiva di fumare la sigaretta che aveva acceso aspettandomi.

Salimmo insieme alla villa dove Clelia era già andata. Quella sera, a cena, sentii che Mara era tornata a Sestri con Guido e che saremmo stati soli e senz'automobile per qualche giorno. La notizia mi fece piacere, perché amavo passare la notte in calma, discorrendo.

– Quella scema, – disse Clelia. – Poteva aspettare la fine della stagione per rompersi il braccio.

– Ginetta dice che egoisti siamo noi uomini, – osservò Doro.

– Le piace Ginetta? – mi chiese Clelia.

– È una ragazza piena di salute, – dissi. – Perché? C'è dell'altro?

– Oh niente. Doro sostiene che quand'ero ragazza le somigliavo.

Sentenziai allora che tutte le ragazze si somigliano, e che bisogna vederle donne per giudicarle.

Clelia alzò le spalle. – Chi sa come mi giudica, – brontolò.

– Manco di qualche elemento, – dissi. – Soltanto Doro potrebbe giudicarla.

CAPITOLO QUINTO

Doro prese inaspettatamente a scherzare e disse che un uomo innamorato ha perso il lume degli occhi e il suo giudizio non conta. Parlò che sembrava Guido. Lo adocchiai stupefatto. Il bello era che Clelia non ci badava e alzò di nuovo le spalle brontolando che eravamo tutti gli stessi.

– Che succede? – esclamai ridendo.

Niente succedeva, e Clelia con voce piccina cominciò a lagnarsi che si sentiva un vecchio rudere e che a pensare alla sua giovinezza, anzi all'infanzia, quand'era scolara e quand'era andata al primo ballo e quando aveva messo la prima volta le calze lunghe, le venivano i brividi. Doro ascoltò sovrapensiero, sorridendo appena. – Ero una bambina troppo giudiziosa, – diceva Clelia desolata. – Pensavo che l'indomani se papà fosse diventato povero all'improvviso e si fosse incendiata la cucina, non avremmo piú avuto da mangiare. Mi ero fatto nel giardino un ripostiglio di noci e di fichi secchi, e aspettavo che diventassimo poveri per offrire a papà le mie provviste. Avrei detto al papà e alla mamma: «Non disperatevi. Clelia pensa a tutto. L'avete castigata, ma lei adesso vi perdona e non fatelo piú». Com'ero scema.

– Tutti siamo scemi a quel tempo, – dissi.

– Credevo a tutto quello che mi dicevano. Non osavo mettere la faccia tra le sbarre del cancello perché poteva passare qualcuno e cavarmi gli occhi. Eppure dal cancello si vedeva anche il mare e non avevo altra distrazione, perché mi tenevano sempre rinchiusa e io stavo sulla panchina e ascoltavo i passanti, ascoltavo i rumori. Quando una sirena suonava nel porto, ero felice.

– Perché gli racconti queste cose? – disse Doro. – Per sopportare i ricordi d'infanzia di un altro, bisogna esserne innamorato.

– Ma lui mi vuol bene, – disse Clelia.

Chiacchierammo a lungo quella notte, e poi andammo a vedere il mare sotto le stelle. La notte era cosí chiara che s'intravedeva il biancore del frangente sotto la ringhiera del Passeggio. Io dissi che insomma a tutta quell'acqua non ci credevo e che il mare aveva l'effetto di farmi vivere sotto una campana di vetro. Descrissi il mio ulivo come una vegetazione lunare, anche quando non c'era la luna. Clelia, volgendosi tra me e Doro, esclamò: – Com'è bello! Andiamo a vederlo.

Ma traversando la piazzetta incontrammo certe conoscenze, e ci toccò raccontare di Mara, e di parola in parola Clelia si dimenticò dell'ulivo e tornarono tutti alla villa per giocare alle carte. Un poco indispettito li lasciai dicendo ch'ero stanco.

In fondo alla piazzetta raggiunsi Berti che non fece a tempo a ricacciarsi nel buio. Io tirai dritto, e fu Berti che mi rivolse la parola.

– Cos'è questo pedinamento? – dissi allora.

L'avevo intravisto un'ora prima sotto alla villa, e aveva sempre ronzato sul Passeggio, a qualche distanza da noi. La giacchetta bianca sulla canottiera spiccava troppo. Lui mi disse – reso ardito dal buio – che aveva sentito di una disgrazia alla pineta e aveva voluto sincerarsi.

VI.

– Come vedi, sono vivo, – gli dissi. – C'era bisogno di venirmi dietro tutta la sera?

Mi chiese se andavo a dormire. Ci soffermammo sotto l'ulivo, ch'era una macchia nera nel buio. – Dicevano che una signora s'è uccisa, – disse Berti.

– T'interessi anche alle signore?

Berti guardava la mia finestra, col mento in su. Si volse vivacemente e disse che una disgrazia può decidere un villeggiante a partirsene, e lui aveva pensato che io o i miei amici saremmo partiti.

– È sua parente? – mi chiese.

Capii quella sera che, quando diceva i miei amici, intendeva Clelia e Doro. Mi chiese ancora se Mara era loro parente. L'assurdo sospetto che s'interessasse ai trent'anni di Mara mi fece sorridere. Gli chiesi se la conosceva.

– No, – disse lui. – Cosí.

Gli diedi appuntamento per l'indomani alla spiaggia, scherzando sulla sua trovata di leggere in compagnia. – Se credi di farti presentare ragazze, ti sbagli. Mi pare che sai fare da solo.

Quella notte fumai seduto alla finestra, ripensando alle confidenze di Clelia, indispettito all'idea che mai Ginetta me ne avrebbe fatte di simili. Mi prendevano malinconie che conoscevo. Si aggiunse il ricordo della conversazione con Guido, che finí di avvilirmi. Per fortuna ero al mare, dove i giorni non contano. «Sono qui per svagarmi», pensai.

L'indomani eravamo seduti in cima allo scoglio io e Doro, e sotto di noi Clelia si stava distendendo supina, coprendosi gli occhi. L'ombrellone sulla sabbia era deserto. Riparlammo di Mara e concludemmo che una spiaggia è fatta di donne, e tutt'al piú di bambini. Manca un uomo e nessuno ci bada; manca una Mara qualunque, e un crocchio si sfa-

scia. – Guarda, – diceva Doro, – questi ombrelli sono tante case: ci fanno la calza, mangiano, si cambiano, vanno in visita: quei pochi mariti stanno al sole dove li ha messi la moglie. È una repubblica di donne.
– Si potrebbe dedurne che la società l'hanno inventata loro.
In quel momento approdò un nuotatore sotto gli scogli. Levò la testa dall'acqua, aggrappandosi. Era Berti.
Non dissi nulla e lo adocchiavo. Forse non mi vedeva lassú dov'ero – io quando esco dall'acqua non ci vedo a due passi – e se ne stette appoggiato al sasso, ballonzando sul fiotto. All'altezza della sua fronte, a pochi palmi, era distesa Clelia, riversa e immobile. A Berti grondavano i capelli sugli occhi, e per tenersi faceva con le mani quei gesti tentacolari che sanno ancora di nuoto e d'instabilità. Poi si staccò d'improvviso e nuotò sul dorso, e tornò aggirando una roccia sommersa nel punto dove la sabbia si faceva scoglio. Di là mi vociò qualcosa. Lo salutai con un cenno e mi rimisi a parlare con Doro.
Piú tardi, quando Clelia si riscosse dalla sua beatitudine e vennero le altre ragazze e certi conoscenti, io girai gli occhi sulla spiaggia e vidi Berti in piedi tra le cabine con un giornale in mano, che leggeva. Non era la prima volta. Ma, quel mattino, era chiaro che aspettava. Gli feci segno di avvicinarsi. Insistetti. Berti si mosse, piegando il giornale senza guardarci. Ai piedi delle pietre si fermò. Dissi a Doro:
– Quello è il mio tipo intraprendente che dicevo –. Doro guardò e sorrise, poi si volse alla sua cassetta. Allora mi toccò scendere e accostato Berti dirgli qualcosa.
Presentare un giovanotto in mutandine nere a ragazze che vanno e vengono in costume e a signori in accappatoio, è una cosa di poca conseguenza e insomma scusabile. Ma la faccia grave e seccata di Berti m'irritò: mi sentivo ridicolo. Brontolai bruscamente: – Qui tutti ci conosciamo, – e passandoci accanto Ginetta che scendeva in acqua, le dissi:
– Mi aspetti.
Quando tornai a riva – Ginetta restava in acqua per piú di un'ora – me lo rividi seduto sulla sabbia, tra il nostro ombrellone e il successivo, e si abbracciava le ginocchia.
Ce lo lasciai. Preferivo discorrere un poco con Clelia. Clelia usciva in quel momento dalla cabina infilandosi un bolero bianco sul costume. Le andai incontro e ci salutammo per scherzo. Ci allontanammo a poco a poco, parlando,

CAPITOLO SESTO

e quando Berti fu scomparso dietro l'ombrello mi sentii meglio. Facevamo la solita passeggiata della spiaggia, tra la schiumetta e i crocchi distesi e rumorosi.

– Ho fatto il bagno con Ginetta, – dissi. – Lei non lo fa?

Fin dal primo giorno avevo accennato per cortesia a scendere in acqua con lei, ma Clelia si era fermata guardandomi, con un sorriso ambiguo. – No, no, – aveva detto. Io, sorpreso, l'avevo guardata. – No, no, vado in acqua da sola –. Non c'era stato verso. Mi aveva spiegato che lei tutto faceva in pubblico, ma col mare se la vedeva da sola. – Ma è strano. – È strano, ma è cosí –. Nuotava bene e non era per imbarazzo. Era una sua decisione. – La compagnia del mare mi basta. Non voglio nessuno. Nella vita non ho niente di mio. Mi lasci almeno il mare –. Si allontanò nuotando senza muovere l'acqua, e al suo ritorno l'aspettavo sulla sabbia. Tornai sul discorso, e Clelia alle mie proteste aveva risposto con un mezzo sorriso. – Neanche con Doro? – chiesi. – Neanche con Doro.

Quest'altra mattina scherzammo sul suo bagno misterioso, e scavalcavamo corpi, ridevamo di pancioni, criticavamo le donne. – Quell'ombrellone rosso, – disse Clelia, – sa chi c'è sotto? – S'intravedeva sullo sdraio un'ossuta nudità chiusa in un costume a due pezzi, reggiseno e calzoncini. Era abbronzata a zone; il ventre scoperto mostrava lo stampo di un precedente costume normale. Le unghie dei piedi e delle mani erano rosso sangue. Dallo schienale dello sdraio pendeva un bell'asciugamano di spugna rosa. – È l'amica di Guido, – bisbigliò Clelia, ridendo. – Lui se la porta dietro, e la tiene nascosta, e quando la incontra le bacia la mano e le fa i convenevoli –. Poi mi prese il braccio e si chinò: – Perché siete cosí volgari voi uomini? – Mi pare che Guido ha ogni sorta di gusti, – dissi. – Quanto a volgarità, ne ha molta. – Ma no, – disse Clelia, – è quella donna che è volgare. Lui poveretto mi vuol bene.

Presi a spiegarle che nulla è volgare di per sé ma siamo noi che facciamo la volgarità secondo che parliamo o pensiamo, e già Clelia guardava altrove e rideva di un berrettino rosso che un bimbetto aveva in capo.

Passeggiammo cosí fino in fondo alla spiaggia, e ci fermammo a fumare sulla scogliera. Poi tornavamo indolenziti dal sole e posavo gli occhi senz'interesse qua e là, quando intravidi presso il nostro ombrellone Berti che si allontanava – la schiena nera, i calzoncini – parlando con aria agitata a una piccola donna in vestaglia fiorita, bizzarra, con alti sandali e guance lustre, incipriate. Clelia in quel momento gridò qualcosa a Doro, levando il braccio, e i due si volsero – in fretta Berti, che scappò non appena ci vide; disinvolta e beffarda la donnetta, che poi arrancò dietro a Berti, chiamandolo a nome.

– Quella gheisa che t'inseguiva, – gli dissi quando venne a cercarmi in trattoria, – era per caso la signora che ti sei portato in casa quel giorno?

Berti sorrise indifferente sulla sigaretta.

– Vedo che hai buona compagnia, – continuai. – Perché ne cerchi dell'altra? Fortuna che non ti ho presentato a quelle signorine.

Berti mi guardava fisso, come si fa quando si finge di pensare a qualcosa. – Non è colpa mia, – disse a un tratto, – se l'ho incontrata. Chieda scusa per me ai suoi amici.

Allora cambiai discorso e gli chiesi se i suoi sapevano di quelle imprese. Lui col solito sorriso vago disse adagio che quella donna valeva piú di molte ragazze di famiglia, come del resto tutte le donne come lei che se facevano una vita difficile era a vantaggio di quelle oneste.

– Cioè?

– Sí. Gli uomini sono tutti d'accordo per frequentare le prostitute, e lí si sfogano e non dànno piú noia alle altre. Dunque le rispettino.

– Va bene, – gli dissi. – Ma tu allora, perché scappi e ti vergogni di lei?

– Io? – balbettò Berti. Era un'altra cosa, mi spiegò: lui delle donne sentiva ribrezzo e gli faceva rabbia che tutti vivessero solo per quello. Le donne erano stupide e smorfiose: l'infatuazione degli uomini le rendeva necessarie; bastava mettersi d'accordo e non cercarle piú, per togliere a tutte la superbia.

– Berti, Berti, – gli dissi. – Anche ipocrita.

Mi guardò sorpreso. – Servirsi di una persona, – continuai, – e poi levarle il saluto, questo no –. Vidi allora che sorrideva, e schiacciava la sigaretta con ostentazione. Con la voce piú pacata, disse che non si era servito di quella donna, ma – sorrise – quella donna si era servita di lui. Era sola, s'annoiava al mare; s'erano trovati sulla spiaggia – lei stessa aveva cominciato a scherzare e far storie. – Vede, – mi disse. – Non le ho detto di no, perché mi faceva pena. Ha la borsetta con lo specchio tutto rotto. Io la capisco.

CAPITOLO SESTO

Cerca soltanto compagnia e non vuole un soldo: dice che al mare non si lavora. Ma è maligna. È come tutte le donne, che approfittano del ridicolo per imbarazzare un uomo.

Tornammo a casa nelle vie deserte delle due pomeridiane. M'ero deciso a non dare piú consigli a quel ragazzo: era tipo da lasciar sfogare, per vedere fin dove arrivava. Gli chiesi se quella donna, quella signora, non se l'era per caso portata con sé da Torino. – Lei è matto, – mi rispose bruscamente. Ma tutta la spontaneità lo lasciò quando gli chiesi chi gli avesse insegnato a scusarsi di cose che alla gente non facevano né caldo né freddo. – Quando? – balbettò. – Non mi hai detto poco fa di chieder scusa ai miei amici? – dissi.

Mi spiegò che, siccome ero in compagnia, gli dispiaceva che l'avessimo visto con quella donna. – Ci sono persone, – disse, – davanti a cui ci si vergogna di essere ridicoli. – Chi per esempio? – Tacque un attimo. – I suoi amici, – balbettò noncurante.

Mi lasciò in fondo alla scala, e si allontanò sotto il sole. Siccome in quelle ore bruciate Doro riposava, io che a dormire di giorno non riesco, avevo finto di rientrare soltanto per liberarmi di Berti. E adesso cominciava il tedio quotidiano delle ore calde e vuote. Gironzolai per il paese, come sempre, ma non c'erano piú angoli che non conoscessi. Presi allora la strada della villa, curioso di parlare con Clelia. Ma era disperatamente presto, e molto rimuginai seduto su un muricciolo dietro a certe piante che si stagliavano sul mare. Tra l'altro pensai per la prima volta, che qualcuno, non conoscendo bene Clelia, avrebbe detto vedendoci passeggiare e ridere insieme, che tra noi due c'era di piú che una conoscenza cordiale.

Trovai Clelia nel giardino, sdraiata all'ombra su una poltrona di vimini. Parve lieta di vedermi e cominciò a discorrere. Mi disse che Doro era stufo di dipingere sempre il mare e che voleva smettere. Mi scappò un sorriso. – Il suo Guido sarà felice, – dissi. – Perché? – Dovetti allora spiegarle che, secondo Guido, Doro pensava piú alla pittura che a lei, e questa era la causa dei loro contrasti.

– Contrasti? – disse Clelia aggrottandosi.

M'impazientii. – Via, Clelia, non vorrà farmi credere che un pochino non abbiate litigato. Si ricorda quella sera che lei mi supplicava di tenergli compagnia e di distrarlo...

Clelia mi ascoltò semiimbronciata e faceva segni di diniego col capo. – Non ho mai detto nulla, – brontolò. – Non ricordo –. Sorrise. – Non voglio ricordarmene. E lei non faccia il villano.

– Diamine, – dissi. – Il primo giorno ch'ero qui. Tornavamo da quel viaggio dove ci hanno sparato...

– Che bellezza, – esclamò Clelia. – E quell'uomo bianco che faceva le capriole?

Dovetti sorridere, e Clelia disse: – Tutti mi prendete in parola. Tutti vi ricordate le cose che dico. E interrogate, volete sapere –. S'imbronciò di nuovo. – Mi sembra di essere tornata a scuola.

– Per me... – brontolai.

– Non bisogna mai ricordarsi le cose che dico. Io parlo, parlo, perché ho la lingua in bocca, perché non so stare da sola. Non mi prenda sul serio anche lei, ché non vale la pena.

– Oh Clelia, – feci, – siamo stanchi della vita?

– Ma no, è cosí bella, – disse lei ridendo.

Allora dissi che non capivo piú quel povero Doro. Perché voleva smettere di dipingere? Riusciva cosí bene.

Clelia si fece pensierosa e disse che se non fosse stata quella che era – una bambina viziata che non sapeva far nulla – avrebbe dipinto lei il mare che le piaceva tanto e che era cosa sua; e non solo il mare, ma le case, la gente, le scalette ripide, tutta Genova. – Tanto mi piace, – disse.

– Forse è per questo che Doro è scappato. Per la stessa ragione. A lui piacciono le colline.

– Può darsi. Ma lui dice che il suo paese è bello soltanto a ripensarci. Io non sarei capace. Non ho altro di mio.

Seduti cosí di fronte – in mezzo, il tavolinetto – aspettammo Doro. Clelia riprese a raccontarmi di quand'era ragazza e scherzò molto sulle ingenuità di quella vita, sul chiuso ambiente di vecchioni che volevano fare di lei una contessa e se la palleggiavano nell'ambito di tre case – una bottega, un palazzo e una villa – e quello che a lei piaceva era il triangolo delle strade che le congiungevano attraversando tutta quanta la città. Il palazzo dello zio era un vecchio palazzo con affreschi e broccati, invetriato come un museo, che visto dalla strada faceva campo sul mare, e aveva grandi finestre impiombate. Da bambina, diceva Clelia, era un incubo entrare in quell'androne e trascorrere il pomeriggio nella penombra lugubre delle salette. Di là dal tetto c'era il mare, c'era l'aria, c'era la strada movimentata; a lei toccava aspettare che la mamma finisse di susurrare con la vecchia; e senza posa, martoriata dalla noia, levava gli occhi ai quadri bui, dove lampeggiavano dei baffi, dei cappelli cardinalizi, delle guance scolorite di pupattole senz'età.

– Vede come sono scema, – diceva Clelia, – allora che il palazzo era quasi nostro non potevo soffrirlo; adesso che siamo poveri e spiantati, darei per riaverlo.

Prima che Doro comparisse al balcone, Clelia mi disse ancora che sua madre non voleva che si fermasse nella bottega dove stava il papà, perché non era bello che una bambina come lei sentisse litigare dietro il banco e imparasse tante parole villane. Ma la bottega era piena di cose e aveva le vetrine scintillanti – gli stessi oggetti che riempivano il palazzo – e qui la gente andava e veniva e Clelia era felice di vedere il babbo contento. Gli chiedeva sempre perché non vendevano anche i quadri e le lampade del palazzo, cosí non sarebbero piú andati in rovina. – Ho avuto l'infanzia giudiziosa, – mi spiegò sorridendo. – Mi svegliavo di notte col terrore che papà fosse diventato povero.

– Perché poi tanta paura?

Allora Clelia disse che in quegli anni era tutta impastata di paura. I primi pensieri d'amore li aveva fatti davanti a un quadro di san Sebastiano martire, un giovane nudo, tutto coagulato di sangue e scrostato, con le frecce piantate nel ventre. Gli occhi tristi e innamorati di quel santo la facevano vergognare di guardarlo, e per lei l'amore voleva dire quella scena.

– Perché poi le racconto questo, – disse.

Poco dopo comparve Doro sul balcone, intento ad asciugarsi il collo. Mi fece cenno e rientrò per scendere. Chiesi a Clelia se sull'amore aveva cambiato idea.

– Naturalmente, – mi disse.

VII.

La notte, quando rientravo, mi mettevo alla finestra a fumare. Uno s'illude di favorire in questo modo la meditazione, ma la verità è che fumando disperde i pensieri come nebbia, e tutt'al piú fantastica, cosa molto diversa dal pensare. Le trovate, le scoperte, vengono invece inaspettate: a tavola, nuotando in mare, discorrendo di tutt'altro. Doro sapeva della mia abitudine d'incantarmi per un attimo nel vivo di una conversazione per inseguire con gli occhi un'idea imprevista. Faceva anche lui lo stesso, e in tempi passati avevamo molto camminato insieme, ciascuno rimuginando in silenzio. Ma ora i suoi silenzi – come i miei – mi parevano distratti, estraniati, insomma insoliti. Da non molti giorni ero al mare, e mi pareva un secolo. Pure non era accaduto nulla. Ma la notte, rientrando, avevo il senso che tutta la giornata trascorsa – la banale giornata di spiaggia – attendesse da me chi sa quale sforzo di chiarezza perché mi ci potessi raccapezzare.

Quando, l'indomani della disgrazia di Mara, rividi l'amico Guido con la sua maledetta automobile, nei pochi secondi che impiegai a traversare la strada per dargli la mano, intuii piú cose che non durante un'intera pipata notturna. Intravidi, cioè, che le confidenze di Clelia erano un'inconscia difesa contro la volgarità di Guido: uomo, del resto, educatissimo e galante. Guido sedeva, abbronzato e roseo, tendendo la mano e scoprendo i denti a un saluto. Guido era ricco e bovino. Clelia reagiva di soppiatto; dunque lo prendeva sul serio e gli somigliava. Chi sa dove sarei arrivato, se Guido non si fosse messo a ridere e non mi avesse costretto a parlare. Salii con lui sull'automobile e mi portò al caffè dove a quell'ora c'eran tutti.

Mentre parlavano di Mara, io badavo a intrattenere il mio pensiero, e mi chiesi se Doro intendeva come me quei rimpianti di Clelia e come mai non gli seccava che neanche

CAPITOLO SETTIMO

per me Clelia avesse segreti. Arrivarono intanto anche loro, e dopo le prime parole Guido disse a Clelia che traversando Genova aveva pensato a lei. Clelia gli diede del maligno. Uno scherzo, ma bastò per farmi sospettare che le stesse confidenze d'infanzia le avesse fatte in passato anche a Guido, e la cosa mi andò per traverso.

Dopo cena Guido ci raggiunse alla villa con una certa festosità, portandoci nell'automobile Ginetta. Mentre Doro e Guido discorrevano di faccende del loro lavoro, io stavo a sentire Clelia e Ginetta e ripensavo a quell'uscita di Doro quando scendevamo dalla montagna, che la caratteristica di chi si sposa è di vivere con più di una donna. Ma era una donna Ginetta? Il suo sorriso aggrottato e l'invadenza di certe opinioni ne facevano piuttosto un adolescente senza sesso. Sempre meno capivo come Clelia avesse potuto da ragazza somigliare a costei. C'era in Ginetta una monelleria contegnosa, rattenuta, che pure a volte le divincolava tutto il corpo. Non certo lei si confessava con gli amici, eppure, guardandola parlare, si aveva il senso che nulla restasse celato del suo fondo. Gli occhi grigi che apriva senz'ostentazione avevano una chiarezza d'aria.

Parlavano di non so che scandalo – non ricordo bene – ma ricordo che la ragazza lo difendeva e se ne appellava a Doro, interrompendolo a caso, e Clelia con molta dolcezza continuava a ripetere che non era questione di morale bensí di gusto.

– Ma si sposeranno, – diceva Ginetta.

Non era una soluzione, ribatteva Clelia, sposarsi era una scelta, non un rimedio, e una scelta che andava fatta con calma.

– Diavolo, sarà una scelta, – interloquí Guido. – Dopo tanti esperimenti che hanno fatto.

Ginetta non sorrise e ribatté che, se lo scopo del matrimonio era la famiglia, tanto meglio averci pensato subito.

– Ma lo scopo non è la famiglia senz'altro, – disse Doro. – È preparare un ambiente per la famiglia.

– Meglio un figlio senz'ambiente, che un ambiente senza figli, – sentenziò Ginetta. Poi arrossí e incontrò il mio sguardo. Clelia si alzò per servirci il liquore.

Poi giocammo alle carte. A notte alta Guido ci riportò a casa. Deposta Ginetta davanti alla rimessa, noi tornammo a piedi verso l'albergo. Avrei preferito quella passeggiata farla da solo, ma Guido che per tutta la sera aveva parlato poco e giocato con disattenzione aggressiva, mi disse di tenergli compagnia. Gli riparlai di Mara. Guido sostenne svogliatamente il discorso: Mara era in buone mani e fuori pericolo. Giunti davanti al suo albergo, tirò dritto.

Capitammo taciturni all'imbocco della mia viuzza, e feci per fermarmi. Guido proseguí di qualche passo, poi si voltò con aria casuale.

– Lasci che aspettino, – disse. – Venga fino alla stazione.

Chiesi chi mi aspettava, e Guido disse noncurante che, diamine, qualcuno dovevo pure avere con me per compagnia. – Nessuno, – gli risposi. – Sono scapolo e solo.

Allora Guido borbottò qualcosa, e su quella ragione riprendemmo a camminare.

Chi doveva aspettarmi, tornai a chiedere. Forse quel giovanotto della spiaggia?

– No, no, professore, intendevo una relazione... un'amicizia.

– Perché? mi ha visto in compagnia?

– Non dico questo. Ma uno sfogo insomma ci vuole.

– Sono qui per riposarmi, – spiegai. – E il mio sfogo è star solo.

– Già, – disse Guido sovrapensiero.

Eravamo nella piazzetta, davanti al caffè, quando parlai.
– E lei ha una compagnia? – dissi.

Guido rialzò la testa. – Ce l'ho, – disse aggressivo. – Ce l'ho. Non tutti siamo santi. E mi costa un occhio.

– Ingegnere, – esclamai, – però la tiene ben nascosta.

Guido sorrise compiaciuto. – È questo che mi costa un occhio. Due conti, due stabilimenti, due tavoli. Creda, un'amante è la moglie che costa di piú.

– Lei si sposi, – dissi.

Guido scoprí i suoi denti d'oro. – Sarebbe sempre doppia spesa. Lei non conosce le donne. Un'amica fin che spera sta cheta. Ha tutto da guadagnare. Ma un disgraziato che abbia moglie è nelle sue mani.

– E lei sposi l'amica.

– Scherziamo. Sono cose che si fanno da vecchi.

Lo lasciai davanti all'albergo, promettendogli che l'indomani avrei fatto conoscenza con la signora. Mi strinse la mano espansivo. Rientrando, pensavo a Berti e mi guardai d'attorno, e stavolta non c'era.

L'indomani mi attardai a scrivere fino a sole alto, e gironzai per le strade, rimuginando ancora le idee della sera prima, che ora nel tumulto e nella chiarezza del giorno mi apparvero scolorite e inconsistenti. Volevo giungere sulla spiaggia, che ci fossero già tutti.

Ma all'ingresso dello stabilimento trovai Guido, stavolta in accappattoio marrone, che subito mi sequestrò e c'incamminammo come d'intesa verso quel certo ombrellone. Quando ci fummo, Guido fece uno spontaneo sorriso ed esclamò: – Cara Nina. Come hai dormito? Permetti, – e le disse il mio nome. Toccai le dita di quella mano magra, e tra il riverbero e l'impedimento dell'ombrello le vidi soprattutto le gambe, lunghe e annerite, e i sandali complicati che le terminavano. S'era rialzata a sedere sullo sdraio, e mi guardò con occhi duri, scarni come la voce che rivolse a Guido.

Scambiammo qualche complimento, m'informai del suo bagno; mi disse che si bagnava soltanto verso sera nell'acqua tiepida; fece parecchie risatelle alle mie uscite, e mi ritese la mano quando la salutai, invitandomi a ripassare. Guido rimase.

Giunsi allo scoglio, e vidi Berti che, seduto contro il sasso, rivolgeva la parola a un'amica sedicenne di Ginetta, e Doro steso sulla sabbia tra loro lasciava fare. Clelia a quell'ora era in mare.

VIII.

Doro mi spiegò, una di quelle mattine, perché fosse stufo di dipingere. Mi aveva preso a braccetto, e passo passo c'eravamo allontanati dal paese, per lo stradale a strapiombo sul mare.
– Se tornassi ragazzo, – mi disse, – farei soltanto il pittore. Scapperei di casa, sbatterei la porta, ma sarebbe una cosa decisa.
Quella rabbia mi piacque, e gli dissi che in questo caso non avrebbe però sposato Clelia. Doro disse ridendo, che quella era l'unica cosa che non aveva sbagliata. Clelia sí era una bella vocazione. Però, disse, non erano quei quadri scemi che dipingeva a tempo perso ciò che gli faceva rabbia, ma di aver perso la foga e la voglia di parlare con me di tante cose, questo sí.
– Quali cose?
Mi squadrò fieramente senza staccarsi, e cominciò a dire che se la prendevo cosí non si lagnava piú, perché anch'io invecchiavo e si vede che capitava a tutti.
– Sarà, – dissi, – ma se hai perso la voglia di parlare, io non c'entro.
Capivo di essere indispettito e che la cosa era ridicola, ma intanto tacqui e Doro lasciò il mio braccio. Guardavo il mare sotto di noi e un'idea mi passò in mente: che i litigi di lui e di Clelia fossero fatti di sciocchezze consimili?
Ma ecco che Doro riprese a parlare con la voce spensierata di prima, e compresi che del mio dispetto non si era neanche accorto. Gli risposi indifferente, ma il rancore dentro mi crebbe, una vera e autentica ira.
– Non mi hai ancora spiegato perché hai litigato con Clelia, – dissi alla fine.
Ma Doro mi sfuggí di nuovo. Dapprima non capí a che cosa alludessi, poi mi guardò di traverso e mi disse: – Ancora ci pensi? Ma sei testardo. Succede tutti i giorni tra sposi.

CAPITOLO OTTAVO

Lo stesso giorno dissi a Clelia che si lagnava di un romanzo noioso, che in questi casi la colpa è di chi legge. Clelia levò gli occhi e sorrise. – Succede a tutti, – disse. – Venite qui per riposarvi e diventate impertinenti.

– Tutti chi?

– Anche Guido. Ma Guido almeno ha la scusa che l'amica lo tormenta. Lei no.

Alzai le spalle, con una smorfia beffarda. Quando le dissi che avevo fatto la conoscenza di quella signora, Clelia si colorí di piacere e quasi battendo le mani supplicò: – Mi dica, mi dica. Com'è?

Sapevo soltanto che Guido aveva una mezza idea di farla fuori, per esempio a me. Dissi questo col tono contegnoso che piaceva a Clelia, e la vidi felice. – Si lamenta che gli costa troppo, – aggiunsi. – Perché poi non la sposa?

– Ci mancherebbe altro, – disse Clelia. – Però è scema quella donna. Basterebbe l'intelligenza che dimostra lasciandosi tenere nell'armadio come una scatola. Le piace?

– Sinora le ho visto soltanto le gambe. Chi è? una ballerina?

– Una cassiera, – disse Clelia. – Una strega che a Genova tutti conoscevano, prima che Guido le cascasse nelle unghie.

– Allora è furba.

– Con Guido non ci vuol molto, – sorrise Clelia.

– Io credo che faccia la docile per meglio accalappiarlo, – dissi. – È un buon segno quando una donna si lascia tenere nell'armadio. Vuol dire che si considera già di casa.

– Se lo crede buon segno, – disse Clelia imbronciata.

– Ma che cosa può fare di meglio che sposarla?

– No, no, – s'indignò Clelia. – Non lo riceverei piú in casa mia.

– Preferisce che un bestione come lui sposi una Clelia o una Ginetta? – La sogguardavo se reagiva, ma il bestione passò. – Che iniquità, – disse Clelia, – che una ragazza sia senza difesa davanti a voialtri. Fanno bene quelle donne a pigliarvi in giro.

Infatti, uno di quei pomeriggi ebbi una visita di Guido nientemeno che in casa. S'affacciò sulla porta con un risolino di scusa e disse che non voleva disturbare la mia lettura. Lo feci entrare, imbarazzato a mia volta per il letticciclo di ferro, e sedere alla finestra. Si andò sventagliando con la cappellina e poi disse che lo scusassi con Doro e con Clelia, ché non poteva venirci a prendere con la macchina. Era impegnato.

Sulla spiaggia quella sera ne dicemmo di cattive sul conto di Guido. Le piú invelenite erano le ragazze, che tenevano alla gita. Berti, ormai stabilito e circolante tra noi, apparve l'unico indifferente. Lo sentii rispondere a Ginetta che insomma al mare si veniva per stare in acqua e non per visitare i santuari.

— Dunque, — gli dissi, sedendomi accanto a lui sulla sabbia, — non pensi piú alle letture?

— Volentieri, — mi disse.

— Magari con queste ragazze.

Mi guardò risentito. — Io? — disse. Era un fatto che, seduto sotto lo scoglio, aveva un'aria seccata. E prima, quando l'avevo veduto, teneva testa a tutte con un'aria condiscendente, riluttando.

— Non mi dirai che ti ripugniamo anche noi. Sei venuto a cercarci.

Berti sorrise. Ci passò avanti Ginetta, aggiustandosi la cuffia, pronta a nuotare. Vedendola da seduto andar lenta, nel gesto di coprirsi l'orecchio, mi parve molto alta, piú che donna. Berti si guardò le ginocchia e brontolò: — Mi dànno fastidio. Non si capisce cosa sia, una ragazza.

Davanti a noi si parò Doro e fece per buttarsi a terra. — Questo è lo studente, — gli dissi. Li presentai. Si toccarono la mano in ginocchio.

Poi Doro cominciò a discorrere con me di non so cosa, in uno di quegli umori bizzarri e bruschi che usavamo da studenti. Era evidente che Berti non c'entrava. Da una parte ascoltavo Doro, dall'altra tenevo d'occhio il mio giovanotto.

Che di punto in bianco chiese: — Ingegnere, si fermerà molto?

Doro ci guardò per traverso e non rispose. Berti attese, rosso in faccia benché cotto dal sole. Dopo un lungo silenzio, dissi io che alla fine di agosto me ne andavo. Ma Doro implacabile non aprí bocca. Tutti e tre guardammo il mare, dove Ginetta entrava allora e donde inaspettata emerse Clelia. La lasciammo avvicinare e non sapevo se sorridere. Ci fece lei una smorfia, perché un piede le scivolò sui ciottoli.

— Andate pure, il mare è vostro, — ci gridò, facendo il gesto, e si diresse all'ombrellone. Doro si era alzato. — Fac-

CAPITOLO OTTAVO

ciamo quattro passi? – mi disse. Mi alzai, guardando appena Berti. Fissava ancora l'orizzonte con aria stoica.

Piú tardi, freschi e riposati, eravamo seduti intorno all'ombrellone, e Clelia fumava una sigaretta e io la pipa.

– Chi sa dov'è andato Berti, – dissi. Doro non si mosse. Disteso tra noi, guardava il cielo. – Siete proprio amici, – disse Clelia, – siete inseparabili. – Faccio da paravento ai suoi amori, – dissi. – C'è una donna che altrimenti sarebbe gelosa.

Queste storie a Clelia piacevano e dovetti raccontarle tutta la faccenda e la discussione nella trattoria. Doro non diceva nulla, e continuò a guardare in su.

IX.

Rividi Berti imbronciato, nella trattoria. Entrò, si vede, per puro ozio. Mi disse che voleva venirmi a trovare nel pomeriggio, per leggere qualcosa con me.
– Non ti piacciono piú le ragazze? – dissi.
– Quali?... Le odio, – mi rispose.
– Non vorrai dire che cerchi la compagnia dell'ingegnere?
Mi chiese se Doro era proprio mio amico. Gli risposi che sí, lui e la moglie erano i piú cari amici che avevo.
– La moglie?
Non sapeva che Clelia fosse moglie di Doro. Gli luccicarono gli occhi. – Veramente? – ripeteva e li abbassava con quell'aria impassibile di seccatura, ch'era la sua aria seria.
– Cosa credevi? – borbottai. – Che fosse una ballerina?
Berti stazzonò la tovaglia e mi lasciò dire. Poi mi levò in faccia due occhi brillanti, ingenui, via, i suoi occhi di ragazzo, e tornò a chiedermi se quel pomeriggio poteva salire da me.
– Non verrà mica nessuno a trovarla? – disse.
Era evidente che pensava a Clelia.
– Cos'è? – gli dissi. – Odî le donne e diventi rosso a pensarci?
Berti mi rispose non so che sciocchezza e poi tacemmo, e finalmente ci alzammo. Per la strada era taciturno, ma rispondeva animandosi, con l'aria di chi parla a vanvera perché tanto un pensiero ce l'ha. Mi fermai sotto l'ulivo a parlare un momento con la padrona, e lui mi attese ai piedi della scaletta fissando e carezzando la pietra liscia che faceva ringhiera, con un sorriso tra tenero e sdegnoso sulle labbra. – Monta, – gli dissi raggiungendolo.
Quando fummo di sopra, andò alla finestra, vi si appoggiò col dorso e mi guardò girare per la stanza.
– Professore, sono contento, – scappò a dire improvvi-

samente, mentre gli volgevo le spalle e mi sciacquavo la bocca.

Gli chiesi perché, e lui mi rispose con un gesto, come a dire: «Cosí».

Neanche quel pomeriggio leggemmo. Prese a spiegarmi che di tanto in tanto gli veniva voglia di lavorare, una smania, un desiderio di fare qualcosa, non tanto studiare quanto avere un posto di responsabilità, di fatica, ma darci dentro giorno e notte per diventare un uomo come noialtri, come me. – E tu lavora, – gli dissi. – Sei giovane, fossi io al tuo posto –. Mi disse allora che non capiva perché la gente esaltava tanto i giovani: lui avrebbe voluto avere già trent'anni – tanto di guadagnato – erano stupidi quegli anni intermedi.

– Ma tutti gli anni sono stupidi. È una volta passati che diventano interessanti.

No, disse Berti, non trovava proprio niente di interessante nei suoi quindici, nei suoi diciassette anni; era contento di averli passati.

Gli spiegai che la sua età aveva di bello che le sciocchezze non contavano e proprio per quel fatto che a lui spiaceva: che si era stimati soltanto ragazzi.

Mi guardò sorridendo.

– Dunque quelle che faccio non sono sciocchezze?

– Secondo, – gli dissi. – Se dài noia alle mogli dei miei amici, sarà certo una sciocchezza, oltre che una villania.

– Non do noia a nessuno, – protestò.

– Starò a vedere.

Mi confessò, nelle parole che ancora facemmo, di aver creduto stupidamente che la signora fosse l'amica del mio amico, e che sapere che era invece sua moglie gli aveva fatto piacere, perché gli faceva troppo rabbia che le donne con la scusa che sono donne si vendano al primo offerente. – Ci sono dei giorni che il mondo, la vita, mi pare un grande postribolo.

In quel momento lo interruppe una voce agra, che conoscevo, una voce di donna inasprita che salí dalla strada, rimbeccando quella della nostra padrona di casa. Ci guardammo in faccia. Berti tacque e abbassò gli occhi. Capii ch'era la donna della spiaggia, quella sua amante per ridere. Berti non si mosse.

La padrona diceva: – Non c'è, non so niente –. L'altra strillava villanie affermando che nessuno le aveva mai mancato di rispetto e che non basta l'acqua santa per lavarsi la faccia.

Quando tacquero e qualcuno s'allontanò, aspettai che Berti parlasse, ma Berti guardava a mezz'aria con la faccia indurita e distratta, e stava zitto.

Gli dissi, quando se ne andò, di fare in modo che quelle cose non succedessero. Tagliai corto e chiusi la porta.

Allo scoglio quella sera non venne. Venne Guido, asciugandosi il sudore. Clelia gli chiese canzonatoria quando sarebbero tornati a ballare lassú.

– Senti? – disse lui a Doro. – Tua moglie ha voglia di ballare.

– Io no, – disse Doro.

Clelia mi stava raccontando di una loggetta di quel vecchio palazzo dello zio, che quella sera le tornava in mente e avrebbe voluto trovarcisi. Guido l'ascoltò un poco, poi disse che io ero proprio l'uomo adatto per apprezzare quelle voci del passato.

Clelia sorrise interdetta, e gli rispose che i discorsi sul presente li attendeva da lui. Guardammo Guido che ammiccò – credo per me – e replicò a Clelia che almeno ci raccontasse qualcosa di interessante – il primo ballo – il primo ballo di una donna è sempre pieno d'imprevisto.

– No, no, – disse Clelia, – vogliamo sentire del *suo* primo ballo. O anche dell'ultimo, quello di ieri sera.

Doro si alzò e disse: – Moderatevi. Io vado a nuotare.

– Già, – dissi. – Si parla sempre del primo ballo delle ragazze. E di quello dei maschietti? Che cosa succede ai futuri Guidi la prima volta che abbracciano una ragazza?

– Non esiste una prima volta, – disse Clelia. – I futuri Guidi non hanno cominciato una data volta. Lo facevano già prima di nascere.

Continuammo cosí fino al ritorno di Doro. Quegli scherzi aggressivi piacevano a Clelia, e vi mescolava un sottinteso tentante, una malizia che – forse sbaglio – Guido non sempre afferrava. O meglio, aveva l'aria di subirli preoccupato altrove, ma la compiacenza scontrosa con la quale si prestava al gioco mi fece sorridere.

Dissi: – Sembrate marito e moglie.

– Villano, – disse Clelia.

– Con una donna come Clelia si può far altro che scherzare? – disse Guido.

– C'è un solo uomo con cui non scherza, – dissi a mia volta.

– Naturalmente, – fece Clelia.

Doro tornò e si buttò sulla sabbia, nell'ultimo sole. Dopo un poco Guido si alzò e ci disse che andava al bar. Si allontanò tra i pali degli ombrelli chiusi e gli urtoni e gli scarti dell'andirivieni serale. A qualche distanza Ginetta e altra gioventú schiamazzavano salutando una barca in arrivo. Noi tre tacevamo; ascoltavo i tonfi e il vocio attutiti.

– Lo sa, Clelia, – dissi a un tratto, – che il mio studente vedendola ha deciso di cambiar vita?

Doro alzò il capo. Clelia sgranò gli occhi.

– Ha congedato quella sua amante, e dice male di tutte le donne. È un segno infallibile.

– Grazie, – mormorò Clelia.

Doro tornò a distendersi. – Visto che Doro è presente, – continuai, – posso anche dirlo. È innamorato di lei.

Clelia sorrise, senza muoversi. – Me ne dispiace per quella... Non c'è niente che posso?

Mi scappò da sorridere.

– Con tante ragazze che cercano, – disse Clelia, – è una cosa seccante.

– Perché poi? – dissi. – Lui è felice. È piú felice di noi. Bisogna vederlo carezzare i tronchi e incantarsi.

– Se la prende cosí, – disse Clelia.

Doro si rivoltò sulla sabbia. – Ah, smettetela, – disse.

Gli dicemmo di tacere perché lui non c'entrava. Clelia guardò un poco la sabbia senza parlare. – Ma è proprio vero? – chiese a un tratto.

Ridendo, la rassicurai. – Cosa mi trova quello scemo, – disse allora. Mi guardò sospettosa. – Siete tutti scemi, – disse.

Tornai a ripeterle che il mio studente era felice e tanto basta, e che, per me, avrei accettato di esser scemo a questi patti.

Allora Clelia sorrise e disse: – È vero. È come quando me ne stavo sulla loggia e invece di studiare gettavo le pallottole di carta sul collo dei passanti. Una volta un signore mi aspettò sotto e mi fece una paura. Voleva sapere che cosa gli avevo scritto. Era un compito di latino.

Doro se la rideva, disteso a faccia supina sulla sabbia.

– E quel signore era Guido, – dissi.

Clelia mi piantò gli occhi addosso. Cos'avevo contro Guido, mi chiese. Rimasi male. – Lo conosco, – le dissi.
– Guido non fa di queste cose, – disse Clelia. – Guido rispetta le signore.

x.

Guido m'invitò con molte cautele a salire una sera in macchina fin lassú. – Ci sarà Nina. Permette, vero? – Sogguardò Berti, che era rimasto indietro di qualche passo per lasciarmi parlare, e mi sbirciò interrogatore. Gli chiesi di portarci anche Berti, giovanotto di spirito e che sapeva ballare, ch'era di piú che non sapessi far io. Guido aggrottò le ciglia e disse: – Certo –. Allora li presentai.

Fu una sera di silenzi. Berti aveva creduto di trovarci Clelia e gli toccò invece ballare con Nina che lo squadrava e ci perdeva le parole; noi, seduti al tavolino, tacevamo e seguivamo con gli occhi le coppie. Non era che Guido volesse liberarsi di Nina: le parole che mi disse noncurante, mi parvero piuttosto uno sfogo: – Ho un'età, professore, che non posso cambiar vita, ma se Nina volesse distrarsi, trovare un ambiente, una compagnia che le giovasse, vedrei la cosa di buon occhio.

– Non c'è che da dirglielo.

– No, – disse Guido. – Si sente sola. Capisce, un uomo ha degli amici, dei rapporti da intrattenere. Non sempre può dedicarle il suo tempo.

– Una franca spiegazione non ci starebbe? – suggerii.

– Con altre donne, non con lei. Un'amica, una vecchia amica, capisce... una donna esigente, mi spiego?

Poi Nina fece qualche ballo con lui, e Berti fumava sigarette al tavolo, guardandosi attorno. Mi chiese se la signora era moglie di Guido.

– Questa no, – gli dissi. – È di quel mondo che t'immagini tu. Chi cerchi?

– Nessuno.

– I miei amici non vengono. Quando c'è questa signora non vengono.

Quella notte, sulla scaletta sotto l'ulivo, gli chiesi se gli piaceva la Nina e, alla sua smorfia, ribattei che avrebbe fatto un piacerone anche a Guido se gliel'avesse un poco intrattenuta. — Ma se ne è stufo, perché non la pianta? — disse Berti. — Prova a chiedergliela, — dissi.

Berti non glielo chiese e invece la sera dopo, colta a volo la notizia che con Clelia e Guido saremmo saliti a ballare, ci andò a piedi — né so se cenasse. Lo vedemmo, entrando fra i tavoli, seduto in fondo. Aveva davanti la sua bibita e buttò la sigaretta. Ma non si mosse.

Per caso Ginetta non era della comitiva. A me che ormai pareva di leggergli in mente, fu chiaro che aveva sperato sulla presenza di Ginetta per cominciare a ballare. Guido, tutto ringiovanito dalla sera di libertà, si guardava attorno soddisfatto e gli fece un cenno distratto. Berti si alzò e venne verso di noi. Fissai gli occhi a terra: io sono vigliacco. — Come sta la signora? — chiese Berti.

L'imbarazzo lo ruppe Clelia con una risatella incontenibile. Allora Guido rispose: — Stiamo tutti bene, — con un tono e un gesto vago che ci fece sorridere quanti eravamo, tranne Berti che arrossí. Rimase un poco a guardarci, e io non seppi resistere; dissi sbirciando Clelia: — Questo è Berti, già noto —. Doro con aria annoiata gli fece cenno di sedersi, brontolando: — Rimanga con noi.

Naturalmente toccò a me intrattenerlo. Berti, seduto sull'orlo della sedia, ci soggurdava con pazienza. Gli chiesi che cosa facesse solo, lassú, e Berti rispose con una smorfia, trasalendo con l'aria di ascoltare l'orchestra. — Mi dice il mio amico che lei ha smesso gli studi, — disse Doro a un tratto. — Che cosa fa? lavora?

— Sono disoccupato, — rispose Berti con una certa violenza.

— Il mio amico dice che si diverte, — continuò Doro senza badargli. — Ha compagnia?

Berti rispose semplicemente di no. Tacemmo tutti. Clelia che stava semivoltata all'orchestra, girò il capo e disse: — Lei balla, Berti?

Di quella frase le fui grato. Berti poté guardarla fisso e fare un cenno col capo. — Peccato che Ginetta e Luisella non siano venute, — disse Clelia. — Le conosce, vero? — Senza staccarne gli occhi, Berti rispose che le conosceva. — Me non mi fa ballare? — disse Clelia.

Mentre si allontanavano, nessuno di noi disse nulla. Guido si agitò per raccogliere un cucchiaino, e intanto i miei occhi incontravano quelli di Doro. Credo che mi leggesse

CAPITOLO DECIMO

in faccia una domanda inquieta, perché mentre imbarazzato stavo per guardare da un'altra parte, lo vidi corrugarsi e sorridere a fior di labbra.

– Che c'è? – disse Guido rialzandosi.

Clelia e Berti tornarono quasi subito. Non so se l'orchestra fece piú presto del solito o la mia inquietudine mi avesse distratto. Tornarono, e Clelia disse qualcosa, non ricordo, quel che avrebbe potuto dire scendendo da un tassí. Berti la seguiva come un'ombra.

Nel corso della sera ballarono ancora una volta. Credo che fosse stata Clelia a dargli coraggio con un'occhiata. Berti si alzò senza parlare e attese, appena guardandola, che Clelia lo raggiungesse. Negli intervalli che sedevo al tavolino ora con Doro ora con Guido, accadeva che qualcuno di noi rivolgesse la parola a Berti, e che lui rispondesse condiscendente, a monosillabi. Guido ballò molto con Clelia e tornava al tavolino con gli occhi vispi. Poi per un po' restammo tutti al tavolino, a chiacchierare. Berti cercava di non guardare troppo Clelia e aveva un'aria annoiata e assorta sull'orchestra. Non parlava. Fu allora che Guido gli disse:

– Lei quest'anno dà esami di riparazione?

– No, – balbettò Berti, calmo.

– Perché la sua è una faccia da esami, e non da persona educata.

Berti fece un sorriso scemo. Clelia fece un altro sorriso. Doro non si mosse. Passavano i secondi, e nessuno parlava. Guido ci guardò di traverso e borbottò qualche altra cosa. Piú che tutto offensiva era la mezza smorfia di sdegno che dedicò a Berti. Come dicesse: «Questa è fatta. Non pensiamoci piú».

Berti non diceva nulla. Sorrideva ancora vagamente. A un tratto Clelia disse: – Vuole che balliamo? – Levai la testa. Si era alzato Berti.

Clelia ritornò sola al tavolino, salutando tranquillamente con un cenno qualcuno che conosceva. Si sedette con una smorfia di stanchezza, quasi un broncio, e senza guardarci brontolò: – Spero che adesso sarete piú divertenti –. Certi amici sbucarono in quel momento dalla penombra e ci distrassero.

Di ritorno sull'automobile, a una mia mezza domanda Clelia rispose che Berti ballando non diceva parola. Molte ne disse invece Guido quando, rimasti soli, ci accompagnammo un'ultima volta al bar. Mi spiegò che non poteva soffrire i ragazzi e non poteva permettere che avessero l'aria di fargli la lezione. – Devono pur vivere anche loro, – dissi, – e imparare dall'esperienza. – Prima ne passino quante noialtri, – ribatté Guido incaponito.

Nel bar lo attendeva la Nina. Me l'aspettavo. Era seduta davanti a un tavolino basso, col mento sul pugno, e seguiva il filo della sigaretta. Ci salutò con un cenno e, mentre Guido ordinava al banco, mi domandò con la sua voce aspra e modulata, senza staccare la mano, perché non mi facevo vedere piú spesso.

– E ieri sera? – dissi.

– Lei non balla, lei non prende il sole, lei non mangia con nessuno, perché non viene con noi? Oh, gli amici di Guido, che cos'ha quella donna per sedurvi tutti? non mi dirà che è l'ingegnere che lei frequenta.

– Non dico nulla, – balbettai.

Faceva tiepido, quella notte, ch'era un peccato rientrare. Chi sa se Berti mi aspettava ai piedi della scala. Probabilmente s'era andato a sedere sulla spiaggia per assaporare la sua vergogna. Non l'avrei volentieri incontrato. Quando fui nella mia stanza, stetti a lungo alla finestra.

Berti mi chiamò l'indomani dalla strada. La nostra viuzza era ancora tutta in ombra. Mi gridò se non venivo in mare con lui. Tacque un poco, poi chiese se poteva salire. Entrò con un passo aggressivo e gli occhi lucidi e stanchi.
– Ti sembra l'ora? – dissi. Aveva l'aria di non aver dormito, e me lo disse del resto quasi subito, con un tono casuale. Anzi, pareva vantarsene. – Venga in mare, professore, – insisté. – Non c'è nessuno.

Dovevo scrivere una lettera. – Professore, – mi disse, dopo un certo silenzio, – basta far giorno della notte. Tutto diventa bello.

Levai gli occhi dal foglio. – I dispiaceri alla tua età sono molto leggeri.

Berti sorrise con una certa durezza. – Perché dovrei avere dispiaceri? – Guardava sotto sotto. – Credevo avessi litigato... – dissi.

– Con chi? – m'interruppe.

– Allora, va bene, – brontolai.

– Venga in mare, professore, – disse Berti. – Il mare è grande.

XI.

Gli dissi che piú tardi sarei andato coi miei amici e che mi lasciasse tranquillo. Se ne andò con la sua faccia tra seria e seccata, e subito mi dispiacque di averlo cosí malmenato. Ma pazienza, conclusi, impari alle sue spalle. *Io ho imparato.*

M'incontrai con Guido al bar. Vestiva il solito colletto aperto, i calzoni bianchi; e la falsa virilità dell'abbronzatura mi fece sorridere. Guido mi tese la mano sorridendo, e levò gli occhi ai tetti, tra furbesco e severo. – Che giornata, – disse. Era veramente un cielo e un mattino incantevole. – Prenda un marsala, professore. Stanotte, eh? – Ammiccava, non so perché, e non mi lasciava andare. – E che fa la bella Clelia? – disse.

– Vengo adesso dalla mia stanza.

– Sempre morigerato, professore.

C'incamminammo. Mi chiese se restavo ancora molto al mare. – Comincio ad averne abbastanza, – dissi. – Troppe complicazioni.

Guido non mi ascoltava, o forse non mi capí.

– Lei non ha compagnia, – disse.

– Ho gli amici.

– Non basta. Ho anch'io gli stessi amici, ma non sarei cosí in forma stamattina se avessi dormito in un letto a una piazza.

Siccome tacevo, mi spiegò che anche a lui piaceva la compagnia di Clelia, ma che il fumo non è l'arrosto.

– L'arrosto sarebbe?

Guido si mise a ridere. – Ci sono donne di carne, – disse, – e donne d'aria. Una boccata dopo pranzo fa bene. Ma bisogna prima aver mangiato.

Veramente, gli dissi, io ero al mare per Doro.

– A proposito, – dissi, – non dipinge piú.

– Sarebbe ora, – ribatté Guido.

Ma né Clelia né Doro vennero alla spiaggia quel mattino. Gisella né gli altri non ne sapevano nulla. A mezzogiorno m'impazientii, e approfittando che parlavano di fare una gita in barca, ritornai a vestirmi, e salii alla villa. Per la strada, nessuno. Stavo accostando il cancello, quando sbucarono sulla ghiaia Doro e un signore anziano con panama e canna, che bel bello veniva verso la strada e ascoltava non so che, rispondendo con cenni del capo. Quando fummo soli, Doro mi guardò con occhi comicamente inquieti. – Che succede? – dissi. – Succede che Clelia è incinta.

Prima di rallegrarmi, aspettai che Doro me ne desse l'avvio. Risalimmo il vialetto verso gli scalini. Doro pareva incredulo e divertito. – Insomma, sei contento, – gli dissi. – Voglio prima vedere come finisce, – brontolò. – È la prima volta che mi succede.

Clelia usciva allora dalla camera, e chiese chi c'era. Mi fece un sorriso, quasi con l'aria di scusarsi, e si portò il fazzoletto alla bocca. – Non le faccio schifo? – disse.

Poi discorremmo di quel dottore, che aveva molto parlato di responsabilità e voleva tornare con non so che strumenti per fare una diagnosi scientifica. – Che matto, – diceva Clelia.

– Macché, – sbottò Doro. – Oggi prendiamo il treno e andiamo a Genova. Ti deve visitare De Luca.

Clelia mi guardò, rassegnata. – Vede, – disse. – Comincia la paternità. Comanda lui.

Dissi che mi dispiaceva che dovesse interrompere il mare, ma che insomma era una bella cosa.

– E crede che a me non dispiaccia? – brontolò Clelia.

Doro contava sulle dita. – Piú o meno sarà...

– Smettila, – disse Clelia.

Invece non presero il treno, ma l'automobile di Guido. Doro che mi accompagnò fino in paese, mi confidò di provare una certa ripugnanza all'idea di parlarne in giro, e che avrebbe preferito una lussazione o una frattura. Cianciava con molta volubilità, facendo scherzi di cose da nulla. – Sei piú agitato di Clelia, – gli dissi. – Oh Clelia è già rassegnata, – ribatté Doro. – Mi fa rabbia, quant'è rassegnata.

– Tu non te l'aspettavi?

– È come giocare al lotto, – disse Doro. – Uno si è messa la bolletta in tasca e non ci pensa piú.

Quel pomeriggio quando Guido fermò la macchina al

CAPITOLO UNDICESIMO

cancello, io ero con Clelia, che ci salutavamo. La guardavo girare per le stanze e fare pacchi, e la cameriera correva su e giú. Di tanto in tanto Clelia emetteva un sospiro e veniva alla finestra dov'ero appoggiato, come una padrona di casa che fa il giro degli ospiti e ad uno fra gli altri riserva gli sfoghi della stanchezza e della noia.

— Contenta di tornare a Genova? – le dissi.

Con un sorriso distratto fece di sí col capo.

— A Doro piacciono i viaggi improvvisi, – dissi. – Speriamo che sia l'ultimo.

Neanche quest'allusione Clelia non la raccolse. Disse invece che in queste cose non si può giurare di niente; poi divenne rossa e se la cavò protestando: – Oh villano.

Le dissi che avrei lasciato anch'io la spiaggia. Tornavo a casa. – Mi dispiace, – disse Clelia. Anzi, le risposi, ero contento di avere trascorso con lei la sua ultima estate di ragazza. Per un attimo Clelia ridivenne quella dei giorni andati: si fermò col capo levato e disse piano: – È vero. Che sciocca. Si dev'essere molto annoiato, poverino.

Partirono, a metà pomeriggio, con Guido che scherzava, ma siccome Clelia si mostrò subito svogliata, credo che smettesse. Mi dissero di aspettarli perché contavano di tornare entro qualche giorno: io li vidi allontanarsi con una certa tristezza. In fondo, mi spiaceva che Doro non mi avesse chiesto di fargli compagnia.

La mattina dopo, ero con Ginetta sulla spiaggia e, parlato un poco di Clelia, non sapevo piú che cosa dirle, quando certi giovanotti vennero a portarmela via. Gironzolai tra gli ombrelloni. Intravidi la Nina, e voltai al largo. Mi aspettavo Berti, da un momento all'altro.

Invece, mentre tornavo sul viale, incontrai Guido. Aveva portato allora la macchina in rimessa. Mi disse che gli sposi si trattenevano a Genova. Il loro medico era assente e Clelia aveva un poco sofferto del viaggio. – È seccante, – concluse, – quest'anno scappano tutti.

Berti, al solito, si fece vivo in trattoria. Entrò come un'ombra, e seppi di averlo davanti al tavolino prima ancora di levar gli occhi. Mi parve tranquillo.

Dalla sua faccia svogliata e seccata avrei detto che sapeva della partenza. Invece mi chiese se quel mattino ero andato alla spiaggia. Scambiammo qualche parola, e parlando cercavo che cosa avrei dovuto dirgli. Gli chiesi quando tornava in città.

Fece un gesto di fastidio.
– Tornano tutti, – dissi.

Quando seppe di Clelia, giocherellò con la scatola dei cerini. Non gli avevo svelato il motivo della partenza; poi mi parve mortificato – mi balenò il pensiero che si ritenesse lui la causa, per l'incidente del ballo – e allora gli dissi che secondo i suoi desiderî la signora aveva fatto la buona moglie e concepito un bambino. Berti mi guardò senza sorridere; poi sorrise senza motivo, posò la scatoletta e balbettò: – Me l'aspettavo.

– È seccante, – gli dissi, – che succedano di queste cose. Le signore come Clelia non dovrebbero mai cascarci.

Senza che m'accorgessi del passaggio, Berti divenne inconsolabile. Ricordo che tornammo insieme verso casa e io tacevo, e lui taceva e girava intorno gli occhi.

– Tornerai a Torino? – gli dissi.

Ma lui voleva andare a Genova. Mi chiese in prestito i soldi del viaggio. Gli dissi se era folle. Mi rispose che avrebbe potuto mentire e chiedermeli per saldare un debito, ma che con me la sincerità era sprecata. Voleva semplicemente rivedere Clelia e salutarla.

– Cosa credi? – esclamai, – che si ricordi di te?

Allora tacque un'altra volta. Io pensavo alla stranezza della cosa: avevo i soldi del viaggio e non lo facevo. Intanto giungemmo nel viottolo, e la vista dell'ulivo m'irritò. Cominciavo a capire che nulla è piú inabitabile di un luogo dove si è stati felici. Capivo perché Doro un bel giorno aveva preso il treno per tornare fra le colline, e la mattina dopo era tornato al suo destino.

La stessa sera ci trovammo al caffè – c'erano tutti, anche Guido, anche la Nina al suo tavolino – e decisi Berti a tornare con me a Torino. Guido voleva portarci a ballare, era disposto a portare anche lui. Ma noi partimmo quella notte.

Nota al testo

Il romanzo *La spiaggia* fu pubblicato a puntate sulla rivista «Lettere d'oggi» di Roma, diretta da G. B. Vicari, nei numeri 7 sgg. del 1941; apparve in volume nello stesso anno nelle edizioni della rivista. Ripubblicato nelle edizioni Einaudi («I coralli») nel 1956. La seconda edizione Einaudi (pure del 1956) ha ripristinato – dopo riscontro sul manoscritto – il «lei» che nel 1941 era stato corretto in «voi» secondo le disposizioni del tempo. (Cfr. su questo punto le lettere di Pavese a Vicari di quel periodo).

Sul manoscritto, *La spiaggia* è datata 6 novembre 1940 - 18 gennaio 1941.

Indice

p. 7	Capitolo primo
9	Capitolo secondo
19	Capitolo terzo
25	Capitolo quarto
30	Capitolo quinto
37	Capitolo sesto
44	Capitolo settimo
48	Capitolo ottavo
52	Capitolo nono
57	Capitolo decimo
61	Capitolo undicesimo
65	*Nota al testo*

```
PAVESE
"SPIAGGIA"
9'RIST.-NC
EINAUDI


(TO)      001252
```

*Stampato per conto della Casa editrice Einaudi
dalla Fantonigrafica - Elemond Editori Associati*

C.L. 39982

Ristampa						Anno
9	10	11	12	13	14	92 93 94 95 96 97